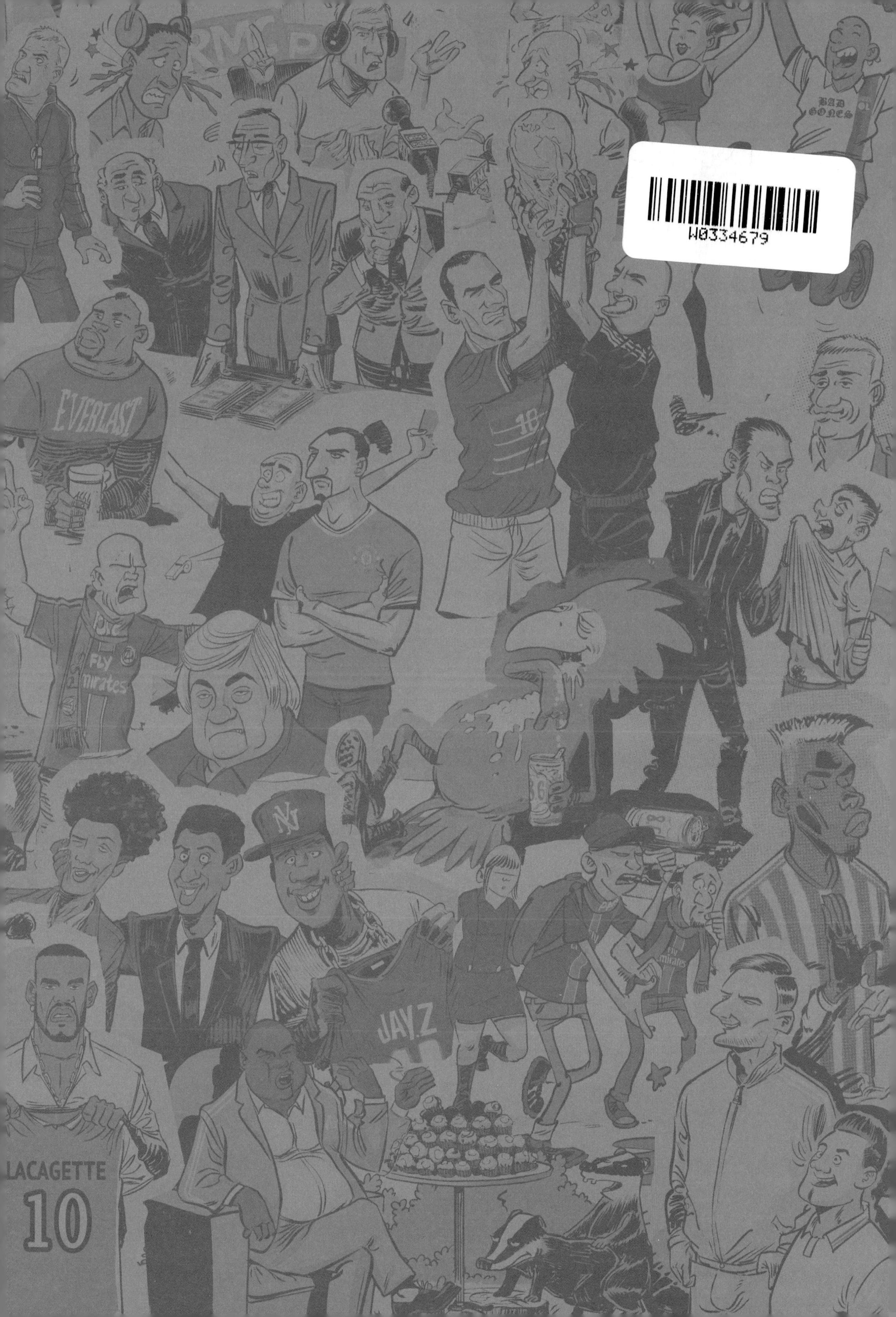
BAD GONES
EVERLAST
Fly Emirates
JAY.Z
LACAGETTE
10

FOOTAGE de Gueule !

Textes
Julien Cazarre
-
Illustrations
Jack Domon

Hugo Sport

Merci à Daniel Riolo pour ta mauvaise foi
de bonne foi qui fait foi dans le foot...

Merci à Thomas N'Lend qui est un peu mon nègre,
et je ne dis pas ça parce qu'il est camerounais d'origine.

Julien

Merci à Sir Darren, entremetteur de circonstance.

Jack

Direction de collection et artistique : Jean-Baptiste Gilou
Conception graphique : Emmanuel Pinchon

www.hugoetcie.fr

ISBN : 9782755623178
Imprimé en République Tchèque

Ah, le Foot ! Le Foot !

Le Foot !

La France est footue…

disait Guy Bedos dans son sketch *Carton rose* il y a déjà trente ans. Et encore, à l'époque, il n'y avait pas Zahia, Knysna, Benzema, Valbuena, les queues de rat, la chicha, les tatouages plein les bras, l'explosion des médias, Jésus-Christ et Allah… C'était juste l'histoire d'un gars qui vivait en couple avec un footeux… À l'époque, c'était une blague, genre y a des homos dans le foot. On te disait : « Hé, ça va pas, mec, t'es un ouf, y a pas de dep dans l'foot… »
Aujourd'hui, le foot a bien évolué, on ne dit plus ça… On dit : « Hé narvalo, t'as kékra, où t'as vu un chbeb dans le foot ? T'es guez, frère… »

Le foot n'est toujours pas « gay » mais de plus en plus drôle…

Aucun sketch de Coluche ne vaudra un contrôle orienté de Cheick Diabaté, aucune blague de Desproges n'est aussi corrosive qu'un tacle d'Éric Di Meco et jamais une sortie de Dieudonné ne met autant mal à l'aise qu'une interview de Ribéry. Malgré l'absurdité qui transpire de son microcosme, certaines logiques du ballon rond sont implacables.

Plus les footeux sont des bourrins et plus ils aiment l'avoine, l'oseille, la fraîche, plus ils labourent les pelouses.

La vraie différence vient du fait qu'aucune marque de sabot n'a jamais fait de contrat d'image à un cheval… Sauf Éric Di Meco…
Mais depuis, il s'est coupé la queue… Moi, j'aurais jamais fait ça, ça pique trop !

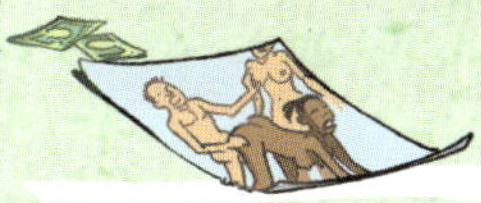

FOOT*look* HairCut

(Coupe de cheveux)

Une crête bariolée peroxydée, une boucle d'oreille argentée, des lunettes Gucci qui partent du haut du sourcil jusqu'aux pommettes, un collier dent de jaguar en nacre, une chemise Paul Smith à motif arc-en-ciel, un pantalon en cuir de loup brossé tailladé, des baskets en daim, une veste mi-croco mi-jean, un baise-en-ville Vuitton rose et un smartphone en or massif...

Non, ça n'est pas le vide-greniers de Paris Hilton, non ça n'est pas non plus le dressing du club échangiste le Cupidon de Dunkerque (à Téteghem, dans la banlieue de Dunkerque) et encore moins ce qui se cache sous la burka de la 3e épouse du sultan d'Abou Dhabi (qui pour le coup ne l'est jamais... à bout d'habit).

LES ATTAQUANTS FRANÇAIS ARRIVENT PLUS FACILEMENT À ÉGALISER SUR LES CÔTÉS QUE DANS LES ARRÊTS DE JEU...

Langage look

ILS AIMENT BIEN, PAR CONTRE, QUAND LEURS ADVERSAIRES JOUENT BIEN DÉGAGÉS SUR L'AVANT.

LE GOAL, QUANT À LUI, PRÉFÈRE EN GÉNÉRAL L'ARRÊT AU MILIEU PLUTÔT QUE SUR LE CÔTÉ.

C'est tout simplement un joueur de foot qui sort du bus du club 2 heures avant le match, son casque sur les oreilles. Mais attention, c'est pas n'importe quel joueur, c'est une star, le mec joue à Swansee, à Catane ou à Nantes, le gars a des stats de ouf, où il culmine à 4 buts et 3 passes décisives par an… ça pose une vedette ! Le niveau d'un joueur de PH avec le salaire d'un ministre d'Arabie Saoudite, faut l'assumer, donc faut mettre le paquet. Les gens ne comprennent pas que quand tu aspires à être Cristiano Ronaldo ou Neymar, alors que tu jongles moins bien qu'un phoque anémique du zoo aquatique de Nogent-sur-Marne, ton seul moyen de lui ressembler, c'est le look, c'est le style… Alors, tu copies les vraies stars ! Mais les vraies stars, elles copient qui ? Les rappeurs qui sont les idoles de nos idoles… Et c'est là que ça coince. Un rappeur comme modèle pour se fringuer, c'est comme si tu prenais le nutritionniste de Loulou Nicollin pour te préparer au marathon de New York… C'est ambitieux, mais pas optimal !

Alors, si les footeux copient les rappeurs… qui les rappeurs copient-ils ?

Moi, la seule personne que je connaisse qui mettait des manteaux de fourrure, des grosses bagues, des boucles en diamant et des lunettes Gucci, c'était la tata Rachel de mon pote Cédric Bensoussan quand elle partait à Courchevel… Donc, en fait, les footeux, ils veulent tous être tata Rachel…

LA DIFFÉRENCE ENTRE UN BALAI À CHIOTTES ET UN FOOTEUX… ILS ONT LA MÊME COIFFURE, MAIS LE FOOTEUX ATTEND 5H DU MAT POUR FINIR LA TÊTE DANS LA CUVETTE.

Toilettes look

Foot look

Tatoo compris

80% des tatouages de footeux sont des dessins maoris, des sigles japonais ou des symboles mythologiques, parce que c'est mystérieux et énigmatique... Mais s'ils veulent se tatouer un truc vraiment mystérieux, pas besoin d'aller si loin... la règle du présent de l'indicatif dans le dos, un bon théorème de Pythagore sur l'épaule ou la règle du hors-jeu sur le bras, c'est tout aussi nébuleux et incompréhensible pour la plupart d'entre eux.

EN ARGENTINE, LES GARS SE FONT TATOUER LA TÊTE DE MARADONA PARCE QU'IL LEUR A PERMIS D'ÊTRE CHAMPIONS DU MONDE EN 86, ALORS QU'À MARSEILLE, PERSONNE NE S'EST JAMAIS FAIT TATOUER LA TÊTE D'UN ARBITRE EN 93...

QUELLE INGRATITUDE !

bling bling ta Mère

LA RIBERADE

"Je panse donc je croive que j'essuie."

Benzema, quand y roule **à 300** sur **départementale avec sa F40**, il se fait **défoncer** par la presse, alors qu'**Fernando Alonso**, quand y joue au foot dans la rue, tout l'monde **y trouve ça sympa...**

ÇA SE FAIT *trop* PAS !

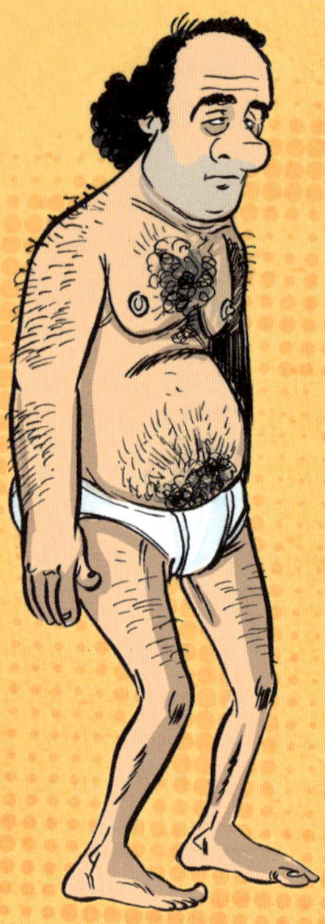

FOOT FLOUZE

Platini ? C'est qui, ce gars-là ? Ah oui, le joueur de foot qui s'est pris pour Mr. Smith au sénat ?

Mais le monde du foot ferait passer Bernard Madoff pour Niels Holgersson, le gentil gamin qui rêvait de migrer avec les oies sauvages... Même si Madoff a voulu migrer aussi et s'envoler vers le paradis, fiscal peut-être mais paradis quand même, avec la poule aux œufs d'or...
Pourquoi je parlais de Madoff, moi ? Ah oui, les instances du foot mondial qui assurent le bon fonctionnement et la pérennité des institutions tout en respectant scrupuleusement la charte de probité qui sied à nanananana... Mon cul sur le barbecue et en avant Simone !
Pauvre Platoche, ils l'ont brûlé sur l'autel de l'intérêt supérieur de la malversation (sur l'hôtel cinq étoiles bien sûr, avec suite, champagne et 3e oreiller pour les connaisseurs).

Pourtant, notre Michel national (non, pas Sardou, non, pas Colucci, non, pas Drucker... Platini, bordel, essayez de suivre un minimum), je disais... pourtant notre Michel, il a tout fait comme il fallait. Il a pris 60 kilos, condition sine qua non pour avoir l'air un minimum sérieux, sinon ça fait sportif, donc en bonne santé, donc enclin à garder une certaine proximité avec les athlètes... Et ça, c'est pas bon.

Donc, il a pris 30 kilos, il a ouvert un compte en Suisse, il a accepté de faire des missions bidon moyennant finances payées en liquide plusieurs années après, il a fait transiter de l'argent non déclaré sur des comptes off shore, il a aidé la candidature d'un pays exotique (le Qatar) à obtenir une Coupe du monde et il apparaît même dans les Panama Papers...
En termes d'intégration, on ne peut pas dire qu'il n'a pas mis le paquet... C'est plus qu'un bon élève, le gars. À côté, Stephen Hawking en cours de physique, c'est l'élève Ducobu.
Eh bien non, ça n'a pas suffi, ils l'ont éjecté de la tombola magique du ballon rond...
Tout ça pour quoi ? Parce que les gars, c'est pas des perdreaux de l'année, ils l'ont vu arriver, le Platoche, avec sa gueule d'enfariné, ils ont bien vu que c'est pas un gars vraiment honnête dans sa crapulerie. Ce genre de gugusse, t'es pas à l'abri qu'un jour il se rappelle au bon souvenir de la morale et de la conscience... Et là... Patatras...
Faut toujours se méfier, un gars qui a été un mec bien, il peut toujours redevenir un mec bien... C'est terrible. Monsieur Foot, vous êtes un salaud !

Coup de filet à la FIFA

MOI, JE VOTE POUR LES EMIRATS ARABES UNIS !
POUR L'EURO ?! FAIS GAFFE, ÇA VA COMMENCER À SE VOIR, GEORGES !
J'AI UN POTE À LA FIFA, IL A REÇU UN FICHIER CORROMPU SUR SA BOÎTE MAIL, BEN IL EST À GUANTANAMO AUJOURD'HUI... ILS RIGOLENT PAS, LE FBI.
LES MECS DE LA FIFA N'ONT JAMAIS ATTRIBUÉ UNE COUPE DU MONDE AU LUXEMBOURG, AU PANAMA OU AUX ÎLES CAIMANS... SI C'EST PAS DE L'INGRATITUDE !
MESSIEURS ! ...
ON A ENFIN REÇU LES BULLETINS POUR L'ORGANISATION DE LA PROCHAINE COUPE DU MONDE !
HAAAA !
JEFFERSON, LINCOLN ET FRANKLIN...
ÇA VA ÊTRE DUR DE CHOISIR ...

FOOTBU$INE$$

Dans le sponsoring, celui des maillots n'est pas anodin, car c'est celui que le footeux de Ligue 1 arbore fièrement au moment de rater sa frappe ou de foirer son contrôle.

C'est assez curieux, d'ailleurs, que des grandes enseignes se battent pour dire : « Hé, regardez ce vieux tir dégueulasse qui finit en tribune et à deux doigts de tuer un stadier, c'est moi qui vous l'offre, c'est cadeau ! » Quand un Lyonnais se ramasse lamentablement en Coupe d'Europe contre une équipe de pipes d'un championnat régional slovène ou d'une province de Flandre, c'est censé vous donner envie d'acheter un Hyundai... Au premier abord, après une analyse sommaire et panoramique de la situation, ça paraît complètement con... eh bien, quand on y réfléchit, pas tant que ça.

Dans certains cas, le sponsor maillot répond à une réalité et démontre une logique implacable.

Par exemple, l'équipe de Bordeaux est sponsorisée par KIA, et franchement, la première question qu'on se pose, c'est : « KIA dans cette équipe ? » Ben, y a personne... Bonne pioche ! L'équipe de Bastia, connue pour découper tous ses adversaires, est sponsorisée par Oscaro.com pièces détachées. Toulouse qui fait un match sur 10 de correct, c'est Triangle, une boîte d'intérim, et Lens a sur son maillot : « Azerbaïdjan », là c'est le top. C'est un club en banqueroute qui est sponsorisé par un pays où les gens crèvent la dalle et n'ont même pas de quoi bouffer... J'imagine le mec en Azerbaïdjan qui manifeste : « Pourquoi on n'est plus remboursés sur les médicaments pour les gosses ? » « Ben t'es marrant, on a mis une rallonge au RC Lens pour acheter Chavériat, alors désolé, ton gosse va claquer mais y'a des priorités, mon pote ! On prend 2 buts par match depuis le début de la saison, fallait réagir. »... C'est implacable et tellement vrai...

ATTENTION, SPONSORS DE MERDE !

Pour les pénétrations difficiles dans la surface !

Vaseline

JEAN-LOUIS DABITE

CAR UNE BONNE CRÈME ET UNE BONNE COUPE, C'EST IMPORTANT POUR LA METTRE AU FOND !

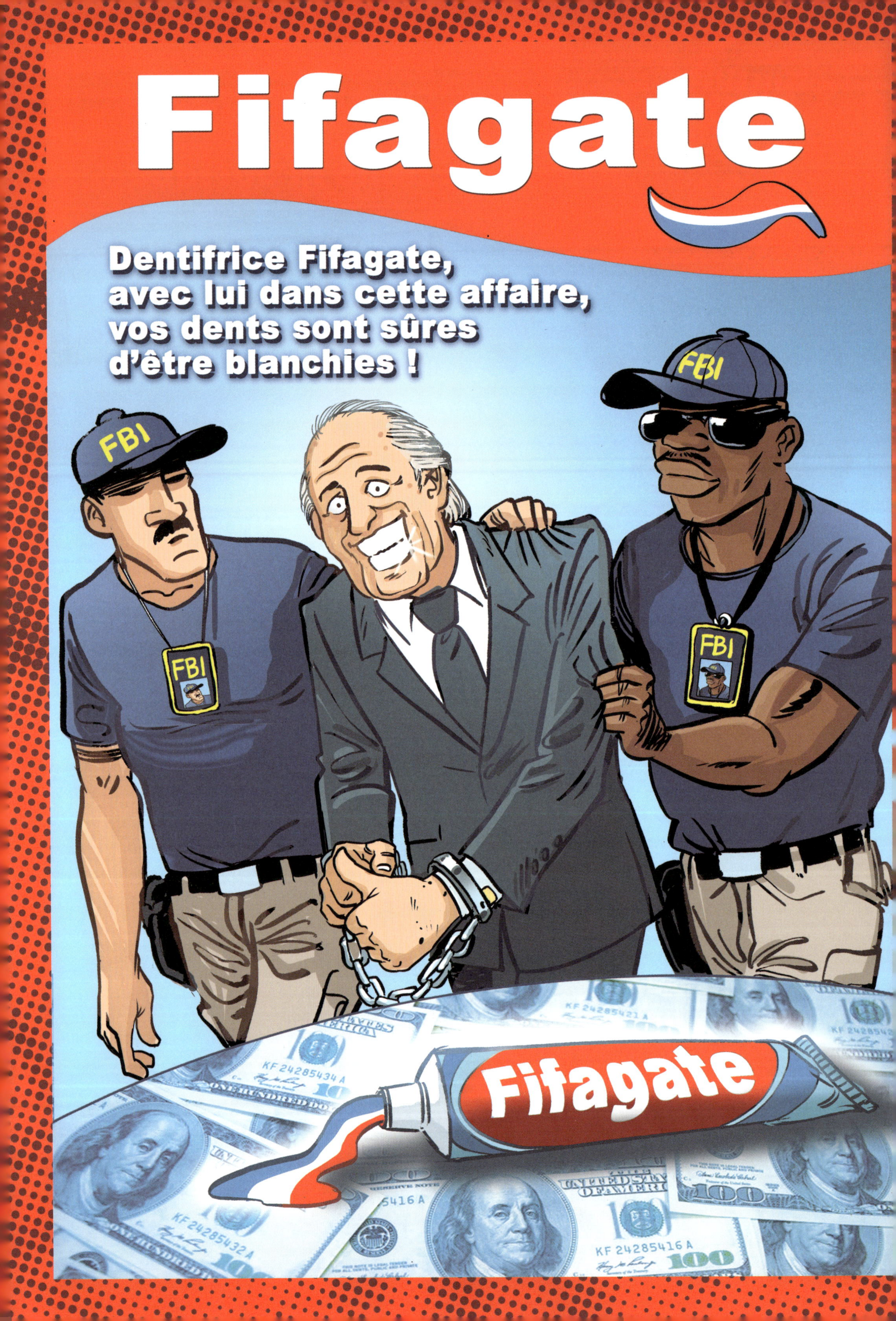
Fifagate
Dentifrice Fifagate,
avec lui dans cette affaire,
vos dents sont sûres
d'être blanchies !
FBI
FBI
FBI
FBI
Fifagate

LES MASCOTTES DES GRANDES COUPES AUXQUELLES VOUS AVEZ ÉCHAPPÉ.

MONDIAL ARGENTINE 1976

LAMA REVOLUCION

MONDIAL ESPAGNE 1982

TOROMUERTE

TACO BALL

MONDIAL MEXIQUE 1986

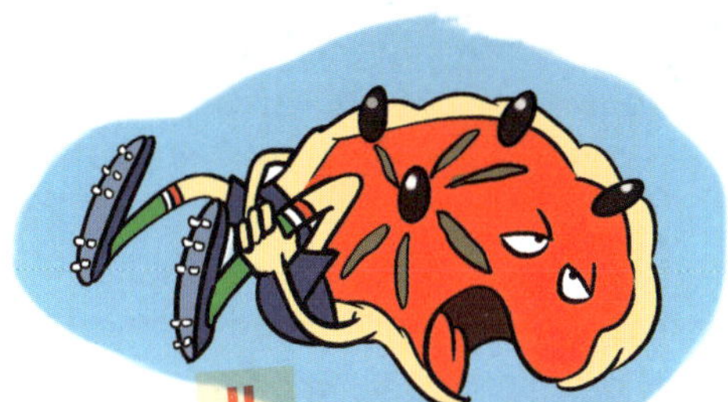

IL SIMULATORE

MONDIAL ITALIE 1990

FATBALL JIM

MONDIAL USA 1994

EURO PORTUGAL 2000

TRUELOS

MONDIAL ALLEMAGNE 2006

WOLF WAFFEN

ARAR TED

MONDIAL AFRIQUE DU SUD 2010

MONDIAL BRÉSIL 2014

TRAVELINHO

EURO FRANCE 2016

GREVIX

POUTINOS

MONDIAL RUSSIE 2018

$$$ TRAN$FERT$ D'AGENT$ $$$

Les droits du foot en Angleterre ont tout changé. Avant les mecs, ils avaient moins d'oseille, il étaient obligés d'acheter des tocards pour 5 millions d'euros alors qu'aujoud'hui ils sont blindés, il vont pouvoir les acheter à 30 millions... Ça claque un peu plus...

Le marché des transferts est souvent comparé à **un marché aux bestiaux**, il est pourtant rare de voir une laitière charolaise gagner plus que le patron de l'Intermarché qui vend son lait, comme il est rare de voir un porc ou un bœuf se balader en Armani avec des colliers en or... à part dans les clips de rap... Mais c'est pas très gentil pour les porcs et les bœufs.

DONC, CE VASTE MARCHÉ FASCINE.

Avant, quand tu signais un contrat de 3 ans avec Platoche, il fallait une proposition de la Juve pour qu'il parte au bout de 3 ans... Aujourd'hui, si tu t'appelles Jordan Ayew ou Gilles Chmoldu, tu peux partir en cours de saison à Crystal Mesburnes dans le Sussex, en troisième chip pour 20 millions d'euros, alors que l'encre de ton contrat à Lorient n'est pas encore sèche.

Avant de se préoccuper des va-et-vient des migrants sur le territoire européen, on ferait mieux de limiter la circulation des tocards dans l'espace Schengen... Avec un tocard à 20 millions, on fait vivre 700 familles... **Si dans le tas y'a pas un con avec un bon pied gauche ça serait pas de pot.**

Ronaldo, c'est pas un mercenaire, en sport il est d'une grande fidélité... Il n'a jamais quitté Adidas au profit de Nike, et pourtant il aurait pu, notamment quand il a quitté son club de cœur pour le Real... une certaine idée des valeurs du foot !

Le Mercato, c'est comme un gros club échangiste.
Même si tu prêtes rarement le cul de ta femme avec option d'achat...

QATAR STROPHES

Les Qataris, ils arrivent chez nous, ils achètent nos produits de luxe, ils achètent nos immeubles ils achètent nos entreprises, ils achètent nos équipes de foot… ils achètent tout, ils sont pas gonflés les mecs.

Nous, à la grande époque, quand la France rayonnait sur le monde (non, pas à l'époque OM de Tapie, un peu avant) au temps béni des colonies que chantait si bien Michel Sardou qui vendait mieux la France qu'un expert Carglass ne vend un pare-brise (même s'ils sont forts, une fois j'ai changé mes deux pare-brise avant et arrière alors que je roule en Vespa… très fort). Donc, en ce temps béni des colonies, on arrivait chez les Arabes, on n'achetait rien… On prenait tout, pénards, sans poser de questions. C'était beau, noble, totalement gratuit et sans aucune velléité mercantile… On ne venait pas déverser notre pognon de manière ostentatoire avec la vulgarité bling-bling de ces nababs d'Orient. Non, nous restions discrets et apportions notre expérience, notre savoir-faire et nos valeurs chrétiennes contre quelques terrains qui ne valaient presque rien puisque non constructibles, à cause de liquides noirs qui stagnaient en dessous. Liquides noirs toxiques et polluants dont nous les avons débarrassés avant qu'ils ne décident de nous virer comme des malpropres… Ho les ingrats… ils sont définitivement vulgaires.

Le PSG du Qatar, leur fortune c'est du gaz, les autres clubs, leur fortune c'est du vent… Ça va être dur de les taper à moins de se chauffer **aux éoliennes…**

Déjà quand c'était les pays du Golfe, c'était chiant, mais maintenant que c'est les pays du foot, **ça devient vraiment relou !**

LES MASCOTTES DE LA COUPE DU MONDE AU QATAR AUXQUELLES VOUS AVEZ ÉCHAPPÉ.

Barillos

Djihadou

Podvinos

DEVIS

Devis de construction du nouveau Parc des Princes

Délais des travaux 2 ans

Désignation	Quantité	prix H.T	Prix Non assujettis à la TVA	Divers
Rachat terrain :		10 millions €		
Malette pour le maire de la commune d'emplacement du stade :	1		1 million €	
Conception architecture :		10 millions €		
Matériaux : 35 millions Hors Taxe				
Équipement technologique :		15 millions €		
Main-d'œuvre :		0 €		
Morts sur le chantier : 2/jour à hauteur d'une estimation de 700 jours : morts Hors Taxe	2X700			1400

Total HT	25 millions €
TVA 38%	9,5 milions €
Total Devis	34,5 millions €

Total divers échappant à l'impôt 1 million €

En votre aimable règlement le plus vite possible. Allah akbar !

Dieu, mais quelle tapette !

Foot et Religion

Évidemment, loin de moi l'idée de remettre en question l'existence de Dieu puisque Ronaldo, Messi et Maradona y croient mordicus. On ne peut pas enchaîner roulettes, passements de jambes et frappe en pleine lucarne et dédier ça à un ectoplasme gélatineux ou gazeux qui ne serait qu'une vue de l'esprit.

Ou alors on aurait affaire à des dévots décérébrés élevés au grain et à la soupe au missel mais, à ce compte-là, ils ne seraient pas les égéries de Gillette, Adidas, McDo et Kinder Maxi… Ça ne tient pas debout !

Oui, Dieu existe et il kiffe le foot, un truc de ouf !

Il regarde le foot H 24 comme un acharné et nul doute que là-haut, sur son nuage, il est assis avec une bière et un paquet de chips au vinaigre, aux côtés de Coluche et Balavoine en train de mater BeIN Sports.

Bien entendu, il n'hésite pas à donner un coup de main à ses fidèles, pour que cette frappe improbable, exécutée en déséquilibre les yeux fermés, finisse en pleine lunette, et le joueur ne manque pas, à ce propos, de le remercier en lançant ses doigts vers le ciel. Qu'il soit de Madrid, Liverpool ou Guingamp, il ne déroge pas à la règle.

D'ailleurs, quand on voit aux infos un Syrien chialer comme une madeleine après un attentat sous les décombres et se demander pourquoi Dieu n'a pas sauvé son fils, la réponse est simple : il regardait Guingamp/PSG en replay sur Canal + Sport ! On ne peut pas aider Silva ou David Luiz à marquer de la tête et sauver les enfants du terrorisme, on doit faire des choix. Dieu ne peut pas être partout, les mecs, vous êtes marrants… Et puis vous étiez où, vous, quand la bombe a pété ? Ben, devant Guingamp/PSG avec une bière et des chips au vinaigre ! (Mais sans Balavoine et Coluche.) Alors, pas de leçon de morale, s'il vous plaît.

Non, Dieu existe, mais c'est une tapette !

À la Coupe du monde, les Brésiliens chez eux n'ont même pas réussi à gagner. Pourtant, les mecs prient toute la journée, avant les matchs, après les matchs, pendant les matchs… Ils ont même une statue de Jésus de 50 mètres qui surplombe Rio, tu veux quoi de plus ? Eh ben, au final, ils se sont pris une déculottée : 7/1, la plus grosse branlée de l'histoire du foot contre les Teutons, qui, eux, prient que dalle, à part Angela Merkel avant d'aller bosser… C'est la honte !

En même temps, je dis Dieu est une tapette, mais Allah c'est pire. En 27 Coupes du monde, il n'a jamais fait passer une de ses équipes en quart de finale… Quel tocard !

CHEZ LES FOOTEUX, Y'A DES MUSULMANS, Y'A DES JUIFS, Y'A DES CATHOLIQUES... MAIS DEVANT L'ARBITRE, Y'A QUE DES PROTESTANTS...

LA DIFFÉRENCE ENTRE
ZLATAN ET DIEU,
C'EST QUE ZLATAN
SI TU FOUS SON FILS
SUR UNE CROIX,
IL TE CASSE
LES BRAS
AVANT QUE
T'AIES EU L'IDÉE
DE TE LAVER
LES MAINS.

LA PREMIÈRE RELIGION DANS LE FOOT, C'EST LE CHRISTIANISME.
EN EFFET, ON COMPTE PLUS DE 350 MILLIONS
DE FANS DE CRISTIANO.

DE PLUS EN PLUS DE JOUEURS DE LIGUE 1 S'IDENTIFIENT À JÉSUS...
EN MÊME TEMPS, IL AVAIT LES PIEDS TROUÉS.

AIDE-TOI ET LE CIEL T'AIDERA... MAIS UN BON GROS COUP DE CHATTE DE TEMPS EN TEMPS, C'EST PAS DE REFUS QUAND MÊME.

SEX TAPE *Story*

La vidéo dans le foot, vous en rêviez... Ils l'ont fait.

Depuis le temps qu'on la demande à cor et à cri, ça y est, notre vœu a été exaucé ! Un bon footeux ne joue plus à la bête à deux dos (voire à 3 ou 4, ou 22 dos) sans l'aide de la vidéo grâce aux moyens techniques mis à sa disposition, Webcam, Smartphone voire Iwatch toujours utile pour vérifier l'intérieur du but après une visite manuelle de la salle de jeu. Oui, grâce à la vidéo, nous pouvons maintenant savoir si la totalité de l'organe est bien rentré grâce, notamment, à la « gaule line technologie » qui se manifeste grâce à une vibration de la partenaire et un petit cri qui témoigne que ça tape bien dans le fond. (Si on tape trop fort et que ça fait ressortir l'engin, ça fait gamelle et ça compte double.)
La vidéo permet aussi de vérifier si l'amorti de la poitrine est maîtrisé, d'en voir les ralentis, d'apprécier les passements de jambes, surtout derrière les oreilles, les coups du foulard pour les blind tests (tiens, elle est à qui, celle-là ?) et si certaines sont trop chaudes, on n'hésitera pas à vérifier si elles méritent pas un carton.
Tout cela est, bien sûr, visionné ultérieurement par une commission de la banlieue de Marseille, qui prendra un intermédiaire pour vous faire connaître les détails financiers de la sanction et les modalités de paiement... Que la FIFA en prenne de la graine.

Quand un footeux se fait gauler avec une escort par sa femme et qu'elle s'en sert pour demander le divorce, peut-on considérer ça comme une passe décisive ?

Brakmar vidéo
Retrouve toutes les meilleures sextapes de footballeurs
J'AI ENVIE DE TE CISSÉ !
VALBUENA C'EST BUENO
KARIME BAIZEMOI
LES AVENTURES DE FUCK RIBERY
Avec des répliques cultes !
"C'est 10 000 la passe à droite."
"Et pan ! dans ta lucarne !"
"Ziva, j'en ai rien à foutre !"
Télé foutre : "Enfin des tirs cadrés !"
So fiote : "Stupéfiant de réalisme, on en prend plein les yeux..."
Anal + : "Un must ! Plus vrais que matures !"
Blue-raie
En vente sur : souslemanteau.fr

SEX in the Footy

What a fantastic gaule !

Préparation de l'action, on fait tourner, le pressing se fait de plus en plus intense, il faut attendre le bon moment pour changer de rythme, dès qu'une ouverture se présente, une accélération, flip flap et bim ! Un tir chirurgical millimétré qui surprend l'adversaire, mais tout ça ne sera récompensé que si le tir ne finit pas à côté... Ah, l'amour chez les footeux, c'est presque de la poésie, mais là nous parlions des esthètes du genre, de l'école Yohan Cruyff, de la bagatelle, du guardiolisme, de la fornication.

Malheureusement, il y a moins de poésie sur le rectangle blanc que sur le rectangle vert et on sacrifie souvent la beauté du geste à l'efficacité du tir. À l'anglaise des années 70 quoi, le kick and rush, le fuck and crache, un bon vieux dégagement du gardien, une remise de la tête à l'arrache et une frappe sans contrôle qui finit dans la lunette... Eh oui, beaucoup de petits coups rapides ont fini dans les lunettes des stagiaires du club quand ils avaient commencé sur le parking du stade !

Pas de préliminaires, pas de fioriture, une chambre d'hôtel de mise au vert, une douche de vestaire, toilettes handicapés d'aéroport, tout est bon pour augmenter ses stats, pour scorer. Peu importe la manière, l'important c'est le nombre.
À la fin, qui se rappellera comment a été marqué le but ? De la cuisse, détourné ou centre dévissé qui fait mouche, qu'importe, ça compte et c'est ça qui compte.

Un jour, au détour d'une escale d'aéroport, tu croises dans la zone de douane un mec, la trentaine, l'air plutôt avenant, qui te dit : « Hé, tu te rappelles de moi ? » Tu ne le reconnais pas, tu cherches et puis non, tu ne le remets toujours pas... « Mais si, Jurgen Bertelmans, le gardien du FC Copenhague, tu m'as mis une frappe à ras de terre, poteau rentrant, y a 3 ans en match de poule ! »

Ah oui, peut-être, je ne sais plus, c'était un match d'Europa League sans importance, t'avais mis une vieille frappe dégueulasse écrasée qui, par chance, avait fini dans les filets, c'était le 3e but, il comptait pour du beurre, tu l'avais oublié... Lui s'en souvenait et en avait gardé un souvenir ému... Pour toi, ça n'était qu'un tir... un de plus... sans plus.

En foot comme en fuck, le footeux tire plus à l'extérieur, mais est quand même plus efficace à la maison !

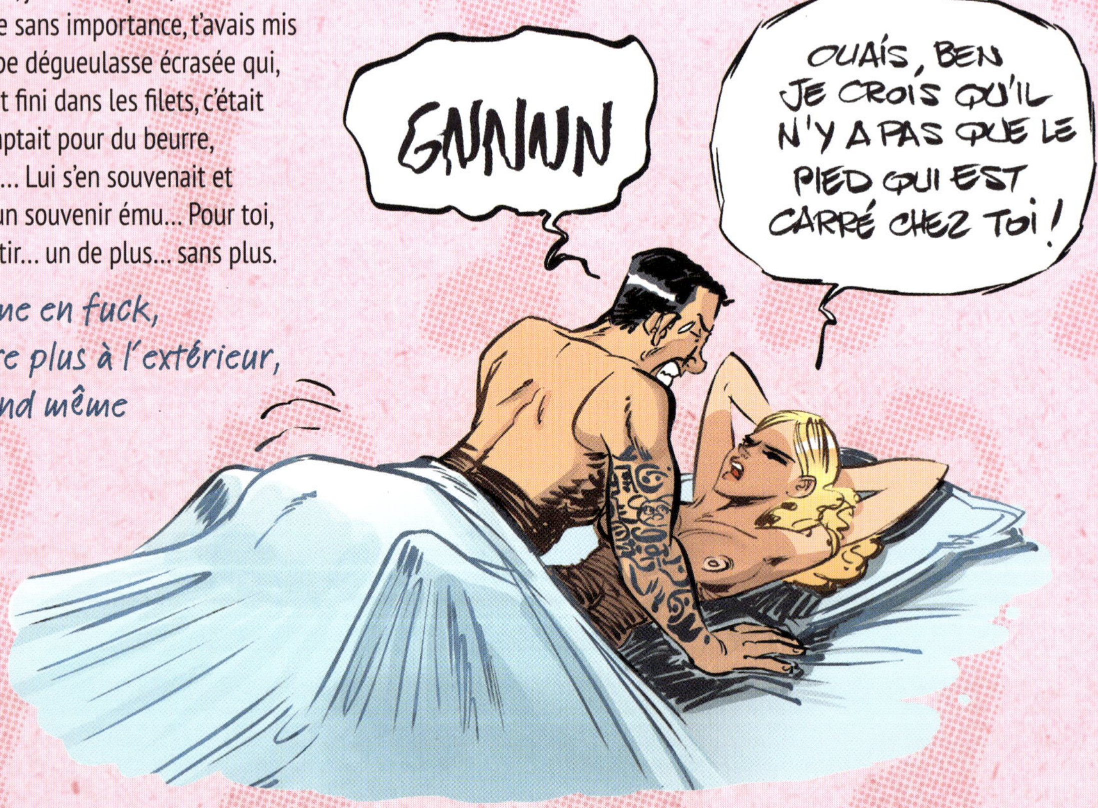

MOI J'AI JAMAIS FAIT DE SEXTAPE AVEC MESJOUEURS, MAIS QUAND J'AI REVALORISÉ LES SALAIRES APRÈS LE TITRE EN 2011, ÇA M'A FAIT SACRÉMENT MAL AU CUL...
LA NICOLLADE

WHA! T'AS ACHETÉ UNE RÉPLIQUE DE LA COUPE DU MONDE 58!
AH NON, ÇA C'EST MON HOT D'OR!

LE TOUQUET C'EST UNE VILLE QUEJ'AIME BIEN VENIR ET ZAHIA C'EST UNE FILLE QUE J'AIME BIEN VENIR DEDANS.
ZAHIA ELLE ÉTAIT MINEURE ? COMMENT JE POUVA DEVINER ELLE AVAIT MEME PAS DE SUIE SUR LA VISAGE
LA RIBERADE
"Je panse donc je croive que j'essuie."

Y'A SISSOKO QUI SE VANTE D'AVOIR BAISÉ TOUTES LES FEMMES DES JOUEURS DU CLUB, SAUF UNE!
FKRRRRR!

HUM... C'EST SÛREMENT KATIE, LA FEMME DE ROSALDO... VU COMME ELLE EST COINCÉE!

ON RESTE SUR CE QU'ON A DIT : 4-4-2 ?!
VAS-Y ! METS-LA EN PROFONDEUR !
HORS JEU !
WHA HÉ ! NON ! JE SUIS RENTRÉ DANS LA SURFACE JUSTE AU BON MOMENT !
TUIIIIII
HÉ ! SEXLFIE !

BON, ALORS, TU LA METS AU FOND OU QUOI ?
GNNNN... DROIT AU BUT !
ALLEZ ! ALLEZ ! JOUE PAS PERSO ! FAIS LA PASSE À GAUCHE !
IL EST OÙ CHARLIE ?
DANS TON CUL !
HA OUI PARDON !
PAR-DERRIÈRE, LES PIEDS DÉCOLLÉS... C'EST ROUGE DIRECT !
CONTRÔLE DE LA POITRINE !
Jack

LES BLEUS

Ah, les p'tis cons, j'te foutrais tout ça au bataillon de Joinville, à 5 du mat à poil dans la forêt de Rambouillet en rampant dans la gadoue pour apprendre la vie à la dure, j'te leur ferais bouffer du rata avec un verre de pisse et des éclats de pare-brise en complément alimentaire, et pour les récalcitrants, la gégène sur le banc, comme au temps du Général, et on verra s'ils la chantent pas, *La Marseillaise* !

Être en équipe de France et ne pas chanter *La Marseillaise*, mais ils se croient où, ces petits merdeux, ils portent le coq sur le cœur, symbole de la France puisque c'est l'animal qui vit en étant le seul mâle dans un enclos entouré de gonzesses, un hommage à la tradition polygame si bien connue dans l'Hexagone.
Ils ne respectent rien, alors qu'on a accueilli leurs parents et qu'on était même pas obligés, en leur filant des boulots nobles et bien payés, accompagnés de cages à poule en guise de maisons (là encore un hommage au coq).
Et eux donc, ils ne chantent pas *La Marseillaise* ? Salauds de Platini, Tigana, Genghini, Amoros ! Vous n'avez pas la reconnaissance du ventre et je ne parle pas des Zidane et Djorkaeff qui n'ont même pas esquissé une syllabe pendant l'hymne national en finale au Stade de France...
Les Brésiliens, eux, ils l'ont chanté leur hymne, fiers et droits ! Bon, ils ont pris une branlée derrière, il se sont fait rôtir le cul dans tous les sens, façon méchoui, farci au gravier, aux clous rouillés et au Tabasco, oui... Mais avec l'amour du maillot !

Nous en France, l'hymne c'est sacré ! D'ailleurs les Zizou, Youri, Karembeu, ils ont beau avoir gagné la Coupe du monde, ça n'a rien changé, les Français ne sont pas dupes et personne n'a fêté ce titre.

Le match a fait une audience médiocre et après le coup de sifflet final, pas un chat dans les rues et encore moins sur les Champs-Élysées. Vous nous prenez pour qui ? On n'est pas des pédés, c'est pas une victoire qui va nous faire oublier qu'on est patriotes !
Et je parie mon costume de communiant et ma gourmette de baptême que si les Bleus regagnent un titre, on bougera pas une oreille ni un petit doigt pour leur dire bravo, à ces cul-terreux !
Benzema, Ribéry et Valbuena, quand ils ont renversé le score contre l'Ukraine pour la qualif en Coupe du monde, les a-t-on applaudis pour cet exploit ? Avons-nous oublié leur fronde à Rouget-de-Lisle ? (Pour les plus Chtis d'entre vous, Rouget de Lisle n'est pas un jeune du centre de formation du LOSC.)
Bon oui, on a chanté et fait la fête parce qu'on devait être bourrés, mais on a pas tardé à décuver et regretter cet égarement coupable. Rendez-nous Jaurès, Malraux et Domenech !
Oui, Domenech, car lui, il la chantait *La Marseillaise* et c'est pour ça qu'il est resté si populaire. On a une certaine cohérence dans ce pays et c'est ça qui nous rend fiers, bleus comme l'horizon, blancs comme la pureté, rouges comme... la couleur...

Enfin, vive la France quoi !

Les Allemands et les Espagnols, ça a commencé à bien jouer quand ils ont écarté sur les ailes. **Les Français,** ça a commencé à bien jouer quand ils ont écarté **Benzema et Ribéry.**

LES BLEUS

Que reste-t-il de France 98 ?

La victoire de l'équipe de France 98 est-elle un moment de l'histoire de France ?

L'histoire de France s'est créée sur des conquêtes, des victoires qui ont fait la grandeur de ce pays… Les grands conquérants français comme Vercingétorix (pas celui qui avait des lunettes de soleil bleues et le rire de chouette effraie…) Oui bon, on se fout de sa gueule, en attendant Vercingétorix, qui était coiffé comme Tina Turner dans *Madmax*, il a chopé Sophie Marceau… Là où nous, on chopait Marcelle Sophie.

Et Louis XIV, lui, il aurait pu entraîner l'équipe de France !

Un vrai conquérant qui en a mis des branlées et su faire respecter l'honneur de la France. On l'appelait le Roi Soleil… Non pas parce qu'il dansait le zouk… Encore que, il avait un bon p'tit niveau en biguine… Avec Lully qui battait le rythme… Mais si on l'appelait le Roi Soleil, c'est parce qu'a l'époque on régnait sur le monde… Un genre de Aimé Jacquet avec la coiffure de Bon Jovi et des fringues de Lagerfeld… À la différence qu'avec des talons Richelieu au Stade de France, tu prends pas Neymar de vitesse… Après Louis XIV… Napoléon, ça aussi c'est la grandeur de la France, on ne l'apprend plus dans les écoles, mais parce qu'en France on n'aime pas les gagnants ! Il les a tous battus, sauf les Rosbeefs et les Ruskovs… Mais les Ruskovs, c'est des lâches… Pour nous niquer, ils ont fait la politique de la terre brûlée. Au fur et à mesure qu'on allait dans leur camp, ils cramaient tout et on était embourbés… Comme fait Guingamp en fait au Roudourou, ils ont la même technique. Et puis La France a chu lamentablement depuis cette période et jusqu'à l'humiliation ultime… Un horrible Allemand avec une petite moustache est venu briser tous nos rêves de grandeur… Un monstre qui a fait faire des cauchemars à des générations entières. Cet Allemand dont la moustache reste le symbole de notre chute… Harald Schumacher, le gardien de la RFA qui a terrassé Battiston… Séville, quel souvenir terrible, on y a cru et ils nous ont fait finalement abdiquer.

Les héros n'étaient plus là et nous avons traîné notre mal-être, les Trente Glorieuses étaient derrière nous depuis longtemps déjà (les Trente Glorieuses, c'est pas le groupe des Bleus pour la Coupe du monde de rugby… encore que…) Mais pour la gloire du pays aujourd'hui, y'a plus la guerre, c'est fini… On fait la bise aux Allemands, check la pogne aux Anglais, les Russes, on a pas les roues pour les chauffer… Alors oui, on va de temps en temps mettre une branlée à un pays arabe ou africain, mais c'est pas glorieux. Nous, on envoie des obus et eux, ils envoient des roquettes… La salade… C'est pas équilibré, alors il nous reste…

LE FOOT !

APRÈS LE SUCCÈS DES « YEUX DANS LES BLEUS », ALLEZ TOUJOURS PLUS PROFOND DANS L'UNIVERS DE L'ÉQUIPE DE FRANCE.

LES BLEUS PAR PÉRIODES

1998 ZIDANE ET BARTHEZ PORTENT LA COUPE DU MONDE.

2016 GIROUD ET POGBA PORTENT DES COUPES DE MERDE.

ZIDANE
=
ZIZOU

GRIEZMANN
=
GRIZOU

RIBÉRY
=
PARE-BRISOU

Un Ribéry Période Bleue, impressionniste comme ses dribbles qui nous impressionnisent, de cette période Ribéry a une tendresse pour Monet, son Monet préféré, c'est le dollar comme pour beaucoup de ses coéquipiers, il aime les Renoir aussi car c'est ses frérots, il aime bien les Degas qui gardent l'entrée du Cartofen Paradise à Munich, ils lui réservent toujours un table en VIP, en revanche il n'aime pas les Boudin, il kiffe les bonnes meufs... Normal gros, Ribéry et un boudin, tu vois le tableau ?

SPONSORS des enfants maudits DES BLEUS

ÉRIC CANTONA

Révolution
by the Koupeul

BASILE BOLI

Ambassadeur
pour l'OM

QUAND UN FOOTEUX SPONSORISÉ NIKE
SE FAIT CHOPER AVEC UNE PAIRE DE PUMA AUX PIEDS,
EST-CE-QU'IL DIT QU'IL LES A ENFILÉES QU'UNE FOIS
ET QU'IL AVAIT BU... COMME POUR SES MAÎTRESSES ?

LUIS FERNANDEZ I love the Bescherelle

VIKASH DHORASOO

Il continue de filmer les blaireaux

BATTISTON

Adadas, une marque faite pour marquer

LES BLEUS Vous saurez tout sur le Zizou

Qui pour remplacer Zidane au même âge ? Pogba ?

La vraie question, c'est au même âge, c'est-à-dire est-ce qu'il est plus fort que Zizou au même âge ? Au même âge que qui, que lui ou que Zizou au même âge que Zizou quand il avait le même âge... Mais le même âge que qui ?
Ça, c'est des théories à la mords-moi le doigt... C'est comme les gars qui te sortent : « Ha ! T'as 33 ans, l'âge du Christ... Oui, mais le Christ, il a eu 32 et 25 et 8 ans aussi... 11 ans, c'est l'âge du Christ quand il avait 11 ans !

Pogba aujourd'hui est-il plus fort que Zizou quand il avait 22 ans ?

Il est plus grand au même âge ?
Il a plus de sélections au même âge ?
Il a joué plus de matchs avec la Juve au même âge ?... Il est beaucoup plus noir au même âge ?

Mais la précocité fait-elle tout ?

La précocité, c'est bien joli, mais ça ne fait pas tout ! Churchill disait : « J'avais un frère, il ne buvait pas, il ne fumait pas et il est mort à l'âge de 4 ans... » Des nouveaux Zidane, on en a bouffé à la pelle depuis 15 ans, dernier en date Marvin Martin après son double contre l'Ukraine... Aujourd'hui, il cire le banc du Losc ventre mou de Ligue 1, c'est pas Bodmer, c'est le milieu de tableau ! La progression n'est pas toujours linéaire... Alors lui, il nous a fait une belle volée et une jolie virgule Pogba...

Mais combien ont commencé par des virgules ne laissant derrière eux que des points d'interrogation ?

Le club de cœur… c'est la priorité quand on doit être transféré… le club de cœur passe au-dessus de tout… Regardons Zizou, son club de cœur c'est l'OM eh ben… il a joué à Cannes, Bordeaux, Turin et Madrid ! Ça fait comme un escargot géographique qui va vers Marseille… C'est con, encore 8 ans de carrière, il passait par Pampelune, Albi et Vitrolles et à 44 ans il finissait à l'OM… ça se joue à rien… il était juste un peu court.

ZIZOU, il est beau, Zizou il est élégant, Zizou il est classe, ténébreux, charismatique, et imposant… Seulement Zizou, ça fait surnom de danseuse nue de cabaret un peu tapée, qui fait du pool dance pour 50 euros avec un boa en plumes roses au Macumba Club de Perpignan… Et ça, on a un peu tendance à l'oublier quand on l'appelle Zizou !

LES ZULTRAS

Hugo disait : Le foot sans la violence, c'est du handball avec les pieds... Hugo étant le barman du café PMU en bas de chez moi. Eh bien, je ne suis pas loin de partager cette belle idée.

Je me dois d'apporter quelques bémols à la pensée métaphysique de mon fournisseur officiel de mauresque, qui est à la philosophie du ballon rond ce que Sepp Blatter est à la probité... En gros, ça force le respect si on reste en surface. La violence de la connerie peut ouvrir des arcades sourcilières parfois rien qu'à les entendre.

Les ultras sont fait du même bois que les militants ou les militaires, ils sont en rangs, soumis à un drapeau, à des couleurs et à un chef pour qui ils sont prêts à mourir sans broncher. À la différence près qu'on n'a jamais vu une escouade militaire traiter son lieutenant-colonel d'enculé en demandant la démission du général « parce qu'on est chez nous et que le camp de base nous appartient ». Oui, le supporter ultra, le club est à lui, le mec il a 26 balais, il peine à trouver un job assez bien payé pour avoir mieux qu'un deux pièces miteux à Cergy-Pontoise ou à Grenoble, son empire financier se résume à une Micra break et un abonnement au Club Med gym, mais le mec, le club lui appartient... Ce club, lui, a une centaine d'années, plusieurs titres à son actif, une renommée qui dépasse les frontières, mais sans son ultra... il n'existe pas ! L'ultra est l'âme du foot puisqu'il crie pendant les matchs et ça, c'est la base. Il est donc essentiel. L'ultra, tu peux insulter sa mère, tu peux violer sa sœur, ou pire lui rayer sa caisse, mais tu touches pas à son Tifo, tu lui piques pas son fumi et tu craches pas dans sa Kro...Y a des règles !

BON ALORS, TU NOUS LE DIS CE TRUC, QU'ON EN FINISSE...
Y'A DES RUMEURS QUI TRAÎNENT SUR TOI DANS LE QUARTIER...
EXPLIQUE-TOI !
BEN VOILÀ, JE SUIS PÉDÉ ! VOILÀ ! T'ES CONTENT ?!
PÉDÉ COMME UN PHOQUE !
J'AIME ME FAIRE DÉROUILLER LE CUL PAR DES HORDES DE MECS MEMBRÉS COMME DES PUR-SANG ! ...
ET ON SE DÉFONCE AU L.S.D. ET AU POPERS POUR MIEUX KIFFER !
VOILÀ !
WHO PUTAIN ! MAIS TU POUVAIS PAS LE DIRE PLUS TÔT !...
J'AI CRU QUE T'ALLAIS ME DIRE QUE T'ÉTAIS POUR L'O.M !... IL M'A FAIT FLIPPER CE CON !
Jack

ULTRAS DE TOUS PAYS

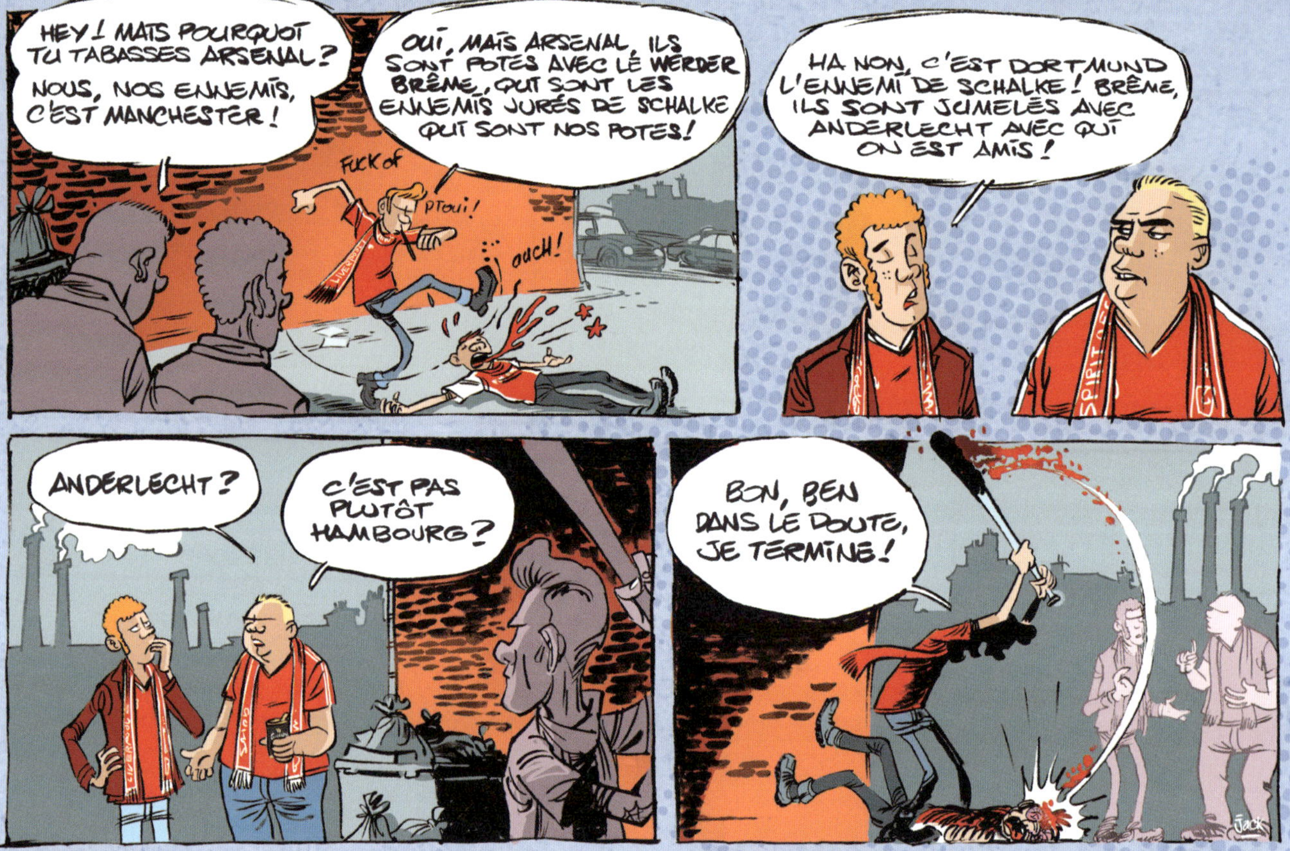

Arsenal, ils détestent les gars de Tottenham qui ne peuvent pas encadrer ceux de West Ham dont les pires ennemis sont les fans de Fulham qui, eux, détestent les supporters de Chelsea dont le dégoût des mecs d'Arsenal est sans bornes... Ça en fait de la haine pour une seule ville. À Paris, on n'a qu'un club et personne à détester, du coup on se défoule sur les touristes.

Statistiques : Au Maroc, 50% des Marocains rêvent d'aller voir le Real et 50% rêvent d'aller voir le Barça. Alors qu'environ 100% des Barcelonais et des Madrilènes veulent que 0% des Marocains viennent les voir.

En Espagne, les plus fervents supporters, on les appelle des Socios...
Chez nous, c'est des cas socios...

WAKBAAAAR !
ATTENDS !
T'ES SUPPORTER DU REAL ?
?!
HEU... OUAIS !
PUTAIN FRÉROT, MOI AUSSI ! ET DIRE QUE J'AI FAILLI TE TIRER DESSUS !
C'EST FOU, ÇA !
T'AS VU LE MATCH IL Y A DEUX JOURS ? AVEC LE BUT DE BALE !
C'EST AUTRE CHOSE QUE CE TOCARD DE RONALDO !
IL EST CUIT LUI !
SBLAM !
ON NE TOUCHE PAS À RONALDO !

ULTRAS RADICAUX

Les ultras, c'est les seuls mecs **qui crient "liberté !!"** parce qu'on leur interdit d'**être enfermés dans un stade.**

L'ANALYSE DU GROS Teubé

Un ultra, c'est pas plus con qu'un militant politique... Même si Sarko n'a jamais été accueilli à ses meetings avec des rouleaux de PQ.

Les ultras c'est bien, mais ils sont ultra quoi ? Ils le disent pas... On a bien une idée... Mais une confirmation serait la bienvenue.

On peut plus traiter **l'arbitre** d'enculé, on peut plus traiter les **joueurs** de pd... Déjà qu'on doit descendre les poubelles et changer les couches... Il va être long ce siècle.

ULTRAS LIGUE 1

C'est un peuple étrange qui vit dans une contrée lointaine, loin... loin du confort des salons littéraires feutrés de Saint-Germain-des-Prés. Dans le brouillard lillois, sous la bruine lorientaise ou dans les ronces provençales, l'ultra de Ligue 1 est un être singulier et différent.

Ça n'est pas un supporter classique, oh non ! Lui, il n'aime pas l'argent, l'argent c'est sale, ça fait des stades tout neufs avec des vrais sièges, ça fait des belles pelouses, des beaux maillots, et ça fait venir des stars qui nous polluent la vue de leurs fringues de marque.
Lui, l'ultra de Ligue 1, est allergique à toute évolution, le progrès pour lui c'est un truc de PD (parisien dégénéré) et ça brise la nostalgie.
L'ultra de Ligue 1 aime vivre dans son environnement, un bon stade bien vétuste à l'ancienne, celui de la création du club à l'architecture soviétique, avec les armatures de ferraille rouillées qui dépassent du béton armé, où quelque gouttes de sang séchées rappellent le pogo sur le but de Gilles Shmoldu en 84 lors du derby.
Il aime la merguez, mais attention pas n'importe quelle merguez... Lui, il aime la guezmère faite d'alliage de mouton, de chèvre et de cartilage de poney, bien carbonisée par une cuisson ancestrale sur un cady retourné. Il aime le voyage en car qui dure 27 heures pour faire Reims/Toulouse à 60 sur 30 places assises avec comme casse-dalle deux sandwichs dinde-emmental et 140 canettes de bière, de la bonne Kro de chantier qui pique ou de la 8-6 qui arrache et qui permet d'apprécier à sa juste valeur le remake des *Charlots en Espagne* joué par les 22 zigs en short sponsorisés par Canigou et les casinos Partouche.
De toute façon, le spectacle sur le terrain, il s'en fout l'ultra de Ligue 1, il a les fumigènes pour cacher la misère et picoter sa gorge pendant qu'il chantera son hymne à la joie d'être là... hohoho... enculé... Ça, c'est l'amitié.

Y'a deux sortes d'ultras en Ligue 1. Celui qui en a marre de son équipe de blaireaux et qui voudrait avoir de l'oseille pour recruter des cadors et celui qui trouve que depuis que le club est riche, y a plus les vraies valeurs de quand les mecs étaient nuls.

Mais ces deux ultras... c'est souvent **le même !**

LES ULTRAS NE PEUVENT PLUS VENIR AU PARC DES PRINCES. EN MÊME TEMPS, Y A PLUS D'ADVERSAIRE, Y A PLUS DE CHÈVRES DANS LE CLUB ET L'ARBITRE FAIT JAMAIS PERDRE L'ÉQUIPE... EN GROS, PLUS PERSONNE À INSULTER... ILS SE FERAIENT SACRÉMENT CHIER... ON LEUR REND SERVICE, QUELQUE PART.

QUI NE SAUTE PAS N'EST PAS LYONNAIS !

Fan des Verts, c'est un peu comme un mec fidèle à sa femme depuis 30 ans et qui fait semblant de pas voir qu'elle a les seins qui tombent... pour encore assurer, il doit soit penser à une autre soit se rappeler d'elle à l'époque... mais dans les deux cas, il est obligé de fermer les yeux...

MÉDIAS EN CHAÎNES

En interview, j'a toujours bon à la question, parce que quand je réponds on m'en pose une autre... c'est que j'ai bon... Comme à Trivial Poursuite... Sauf qu'à Trivial Poursuite j'ai jamais bon... mais je rejoue quand même parce que c'est moi qu'a payé le jeu, c'est pas mon fils... Mon fils il jouera quand il se payera les jeux !

LA RIBERADE

"Je panse donc je croive que j'essuie."

PSG / BARÇA
en exclusivité sur
beIN SPORTS

PSG / OM
EN EXCLUSIVITÉ SUR
CANAL+

Nantes / Guingamp
en exclusivité sur
beIN SPORTS

OUI C'EST SÛR
NANTES/GUINGAMP
ON VOUS LE LAISSE
ON N'EN VEUT PAS SUR
CANAL+

EST-CE QUE C'EST PARCE QUE TU ES BÂTI COMME UN CHÊNE QUE TU AS UNE TÊTE DE GLAND ?
ON REPROCHE AUX JOURNALISTES DE PIPOTER LES INFOS MERCATO POUR FAIRE LE BUZZ... ALORS OK, ÇA FAIT 4 ANS QU'ON DIT QUE RONALDO VA QUITTER LE REAL, MAIS LE JOUR OÙ IL VA SE BARRER, ILS AURONT ÉTÉ LES PREMIERS À LE DIRE... C'EST COMME LE DÉCÈS DE PASCAL SEVRAN, C'EST RUQUIER QUI A BALANCÉ LE SCOOP 3 MOIS AVANT SA MORT... ÇA, C'EST UN PRO.
RMC
INFO TALK SPORT
PUTAIN ! QUEL EST LE CON QUI M'A PONDU ÇA ?! "MESSI SIGNE À PARIS"
HEU... C'EST MOI...
IL A ÉTÉ VU À PARIS CE WEEK-END... IL A FAIT DES DIZAINES DE DÉDICACES DANS LA RUE...
DONC, IL ÉTAIT À PARIS... ET IL A SIGNÉ...
ON NE MENT PAS...
PUTAIN ! TROP FORT !
ON OUVRE LE C.F.C LÀ-DESSUS !

GRONIQUEURS SPORTIFS

Le consultant… Dans certains pays orientaux, il est un despote complètement abruti mais alors, on l'écrit « con sultan » et ça n'a rien à voir…

Rien à voir ? Pas tout à fait, car si chez les consultants du monde de la baballe, il y en a de brillants, certains sont là pour faire tête de gondole et rassurer le chaland. Oui, le consultant est devenu roi des médias, qu'il ait quelque chose à dire ou pas. Un bon champion d'Europe ou champion du monde, ça fait joli et ça rassure maman quand elle regarde avec papa.
Le meilleur exemple étant Zidane qui, quand il avait fait des essais pour Canal Plus, nous a laissé des analyses qui, au niveau philosophique, se situent entre les *Pensées* de Blaise Pascal et les pensées de Blaise Matuidi… même si ça tangue un peu plus vers l'ami du grand poète Niska (qui maltraite plus la langue française que sa biatch, comme tout bon rappeur qui se respecte).
Zidane donc, le champion des champions à qui on doit ces fulgurances : « Ils ont marqué… c'est bien. Je pense qu'on verra des buts en 2e mi-temps. Les deux équipes ont du potentiel. »
Merci Zizou, on vous retrouve après une pub pour Volkswagen pour analyser la première mi-temps.

Le consultant ancien champion est indispensable pour commenter un match…

Bien entendu, d'ailleurs, quand vous regardez Equidia, il y a toujours un vieux cheval pour aider les journalistes à commenter la course. « Alors mon cher Ourasi, que pensez-vous de cette jeune jument ?… hhihipluffffpfff!!! Merci, Ourasi, tout de suite les cotes… »
En même temps, c'est pas vraiment pire que certains chez les footeux. « Stéphane, expliquez-nous ce but… Eh bien, Ribéry part sur le côté gauche, il voit Müller, centre, et Müller marque du pied droit… Merci Stéphane, merci pour cette analyse qui enchantera tous les malvoyants qui nous regardent ! » À quand des repris de justice pour commenter les affaires criminelles? « Mon cher Guy Georges, comment analyser l'attitude de Jean-Pierre Treiber ? »

ALORS YACINE, CETTE VICTOIRE, ELLE FAIT DU BIEN...
VOUS DEVEZ ÊTRE CONTENT CE SOIR ?!
BEN OUI... ON A PRIS TROIS POINTS...
C'EST VRAIMENT IMPORTANT !
BLAIREAU DE FOOTEUX !...
ENCORE UN QUI M'A SORTI QUE L'IMPORTANT CE SONT LES TROIS POINTS !
BLAIREAU DE JOURNALISTE ! ENCORE UN QUI M'A DEMANDÉ SI J'ÉTAIS CONTENT D'AVOIR GAGNÉ !

L'ÉPOQUE

"IL N'Y A JAMAIS EU AUCUN CONTACT ENTRE MOI ET MANCHESTER"!

Pogba a démenti son départ de la Juventus, il jure, sur la vie de sa reum, ne jamais avoir été en contact avec les dirigeants de Manchester...

Pogba, au centre de l'image.

GOURCUFF À L'ENTRAÎNEMENT !

Gourcuff enfin à Rennes ! Il est arrivé de Lyon par le train et tout s'est bien passé... Enfin presque, puisqu'en prenant le train, il s'est brûlé avec le café de la buvette, s'est foulé le poignet en oblitérant son ticket, il a eu un acouphène à l'annonce du chef de gare, un décollement de la rétine pendant le passage dans le tunnel, il a attrapé une grippe avec la clim et un dérèglement du tube digestif dû au sandwich et, en arrivant, il a été victime du jet lag... Mais sinon, le voyage s'est bien passé.

Gourcuff, au centre de l'image.

En tout cas, le Stade Rennais et Yoann se sont mis d'accord sur les termes du protocole... Et il n'a plus qu'à signer son ordonnance. Il est attendu demain matin à l'entraînement à la première heure (s'il se réveille, puisque rappelons qu'il ne peut utiliser la fonction sonnerie de son portable en raison de la fragilité de ses tympans). ■

OM-PSG : UN CLASSICO DÉJÀ BIEN LANCÉ

Gomis : *« On va leur rentrer dedans dès le début du match pour leur montrer qui c'est l'OM. »*

Cabella : *« On va leur mettre un gros pressing pour les acculer sur leur but, pour faire plaisir au public du Vélodrome. »*

Motta : *« Par rapport à Paris, c'est au nord ou au sud ? »*

Di Maria : *« C'est un charmant village, m'a dit Gabi Heinze, ça donnera l'occasion de visiter. »*

PARIS MET L'OM À GENOUX

L'OM MÉRITAIT MIEUX

INTERVIEW EXCLUSIVE DE BEN ARFA

de notre envoyé spécial Jérôme Courageux… très courageux…

Journaliste :
Bonjour Hatem, et la première question qu'on a envie de vous poser, c'est comment allez-vous ? On vous sent épanoui…

Ben Arfa :
Franchement, t'as vu, ça va, bien dans mes Nike, en mode « je gère, cousin », la famille c'est nickel…

Journaliste :
Vous revenez de loin après une longue traversée du désert.

Ben Arfa :
Qu'est-ce que tu parles de désert, espèce de bouffon, c'est parce que j'ai d'la famille à Tunis que tu dis ça, narvallo ?

Journaliste :
Heu non, c'est…

Ben Arfa :
Prends pas trop la confiance, gros, déjà quand je reviens du bled, je prends l'avion comme toi, je suis pas un chbeb. Je traverse pas le désert sauf une fois avec mes potes Farid et Brandon. Une fois, on est allés à la mer de sable, mais c'était avec le centre aéré !

Journaliste :
Heu, bon d'accord… Revenons sur votre jeu, vous avez un style de jeu assez individualiste… comment vous vous qualifieriez ?

Ben Arfa :
Ben, pour me qualifier, déjà ça dépend si c'est en Coupe de France ou en Europa League… Mais pour se qualifier, faut mettre sa race à l'adversaire, c'est tout.

Journaliste :
Ah oui… Non je veux dire comment qualifieriez-vous votre style de jeu ?

Ben Arfa :
J'ai un putain de style, frérot, dernières Gucci, un bête de starcos en mode ça brille, montre à trente mille… Chuis frais, gros !

Journaliste :
D'accord, mais niveau foot, on attendait beaucoup de vous, on disait à une époque : « Il a un Messi dans la jambe gauche et un Ronaldo dans la jambe droite. »

Ben Arfa :
T'es un ouf, toi ! Gros boloss, si j'avais des gars dans les jambes, j'arriverais même pas à courir… T'as déjà essayé de marcher avec des mecs dans les jambes, baltringue ?

POGBA SIGNE À MANCHESTER

On vient d'aprendre, ce matin, le transfert de Paul Pogba pour Manchester United, son agent et son portefeuille se félicitent, la transaction la plus importante jamais réalisée... 120 millions d'euros...
(voir la suite page 12)

Pogba, au centre de l'image, juste derrière le maillot rouge.

PANINI MAIS PRESQUE

FC TRONCHAKU

F.C TRONCHAKU

FCT

Y EN A QUI SONT BONS DE LA TÊTE, EUX SONT CONS DE LA TÊTE.

Florilège des tronches de footeux

qui ont sûrement perdu des paris, ont mal parlé à leur coiffeur, ont été accouchés de nuit dans une déchetterie par un parkinsonien, ou sont des sosies officiels du cul de Claude Simonet.

LE COACH SPORTIF

DIDIER DESCHAMPS EST-IL AUSSI CLASSE QUE JOSÉ MOURINHO ?

José Mourinho, c'est qui ? C'est l'appartement témoin, c'est l'arnaque, c'est la photo AdopteUnMec du Portugal !

Sur AdopteUnMec ou Meetic, tu mets pas ta vraie photo ou alors tu mets celle où t'étais mince et où t'avais des cheveux. Mourinho, c'est ça. Si tu vas au Portugal, t'en croiseras pas tous les 5 mètres des comme lui, le costume cintré, beau gosse, glabre, élégant et sans accent !

Deschamps, lui, c'est le contraire, il a plus un look de gardien d'immeuble.

Par contre, c'est un porte-bonheur, partout où il va, il gagne, en tant que joueur et en tant qu'entraîneur... Et on le surnomme la Dèche... Allez savoir pourquoi ?

Mourinho, lui, il a la réputation d'être un dur, un mec qui se laisse pas marcher sur les arpions, et on le surnomme le Mou...

Malgré ça, quand le Mou a été en face de la Dèche en finale en 2004, la Dèche, il a pris un 3/0 cul nu devant 2 milliards de téléspectateurs, et au revoir Simone ! Le mec au Portugal, c'est autre chose que Deschamps en France, il a pas de statue à son effigie au Portugal... Tu peux pas, c'est interdit. T'as pas le droit de représenter le prophète, sinon t'as une fatwa portugaise sur le cul ! Tu fais un dessin de Mourinho et t'as des djihadistes de Porto qui viennent chez toi et qui te font la misère...

Deschamps, lui, il a pas ce problème, personne va en faire une statue.

Au mieux, il a une salle polyvalente à Saint-Victor-Lacoste qui porte son nom. Je crois que la ZAC de Bidart, direction Anglet, a été rebaptisée ZAC de la Dèche, mais je suis même pas sûr. Mourinho, c'est le style, c'est Clooney dans *Ocean 11*, Deschamps, c'est Jacky remets-moi une Suze, c'est Jean Carmet dans *Dupont Lajoie*.

Alors, si Didier est un José cloné, son équipe est-elle le Deschamps Eleven ?

MAIS Y'A FAUTE LÀ !
IL LE TIRE PAR LE MAILLOT, C'EST INADMISSIBLE !
OUI, JE VOIS ÇA !

JARDIM, C'EST UN GENRE DE CHEF DE CHANTIER, C'EST UN PORTUGAIS QUI DEMANDE À DES NOIRS DE BÉTONNER… SAUF QUE SES OUVRIERS GAGNENT PLUS QUE LUI !
LA NICOLLADE

EN 2004, LA GRÈCE A GAGNÉ L'EURO AVEC OTTO REHHAGEL COMME COACH… DEUX ANS PLUS TARD, LA FRANCE VA EN FINALE AVEC AUTO-GESTION COMME COACH… ET DOMENECH COMME ADJOINT.
LES COACHS DE LIGA, C'EST L'ÉCOLE DU BEAU JEU, LES COACHS DE PREMIÈRE LEAGUE, C'EST L'ÉCOLE DE LA RIGUEUR, LES COACHS DE LIGUE 1, C'EST L'ÉCOLE PRIMAIRE… FACE À DES MATERNELLE, PREMIÈRE SECTION.

À CET INSTANT PRÉCIS, COACH… QUELLE STRATÉGIE PENSEZ-VOUS METTRE EN PLACE ?…
4.4.2 ?
4.2.4 ?
4 FROMAGES !
MENU

VESTIAIRES

LES TACTIQUES

Tactique de symétrie

Idéal pour obtenir un match totalement nul.

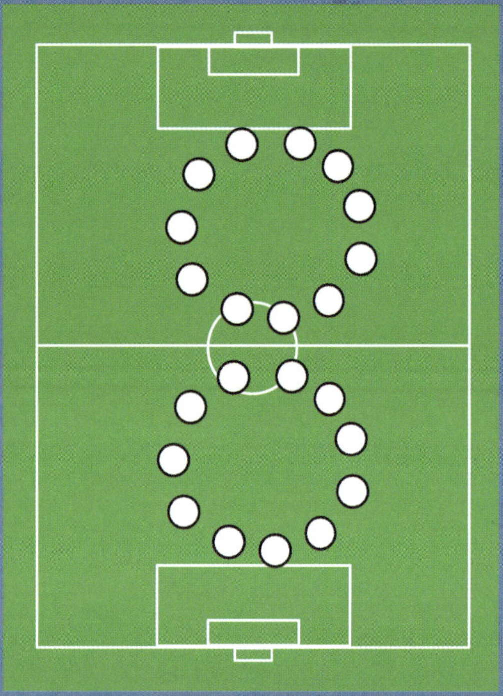

Tactique Z.O.B.

Fort potentiel de pénétration par l'arrière.

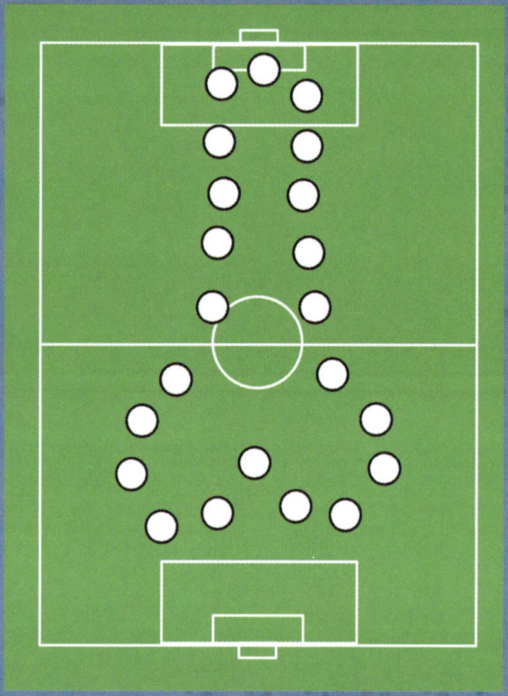

Tactique du bus

Tous groupés, la meilleure attaque, c'est la défense.

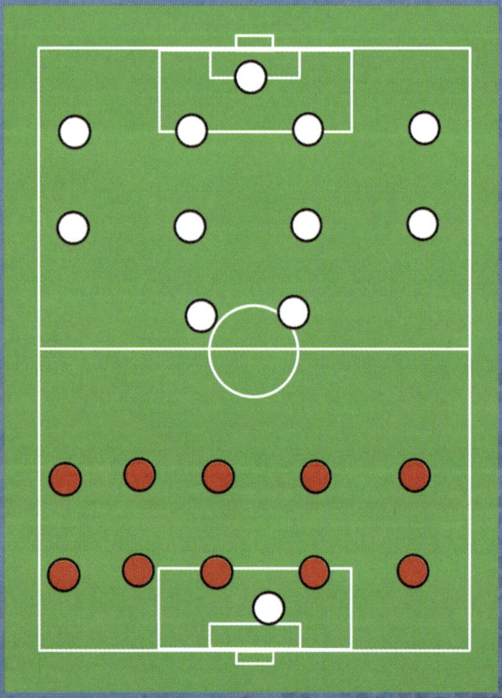

Tactique du bus 2

Toujours groupés. Les joueurs n'ont pas voulu descendre.

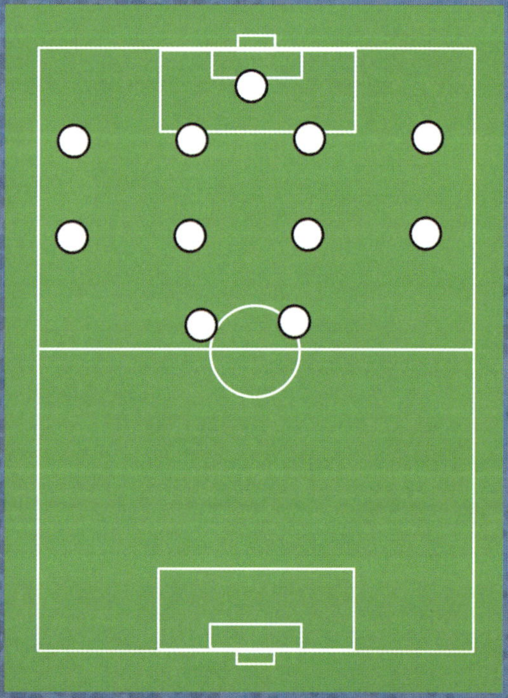

À COACH CAZARRE

Tactique CHIFOUMI

Dont on connaît l'issue d'avance.

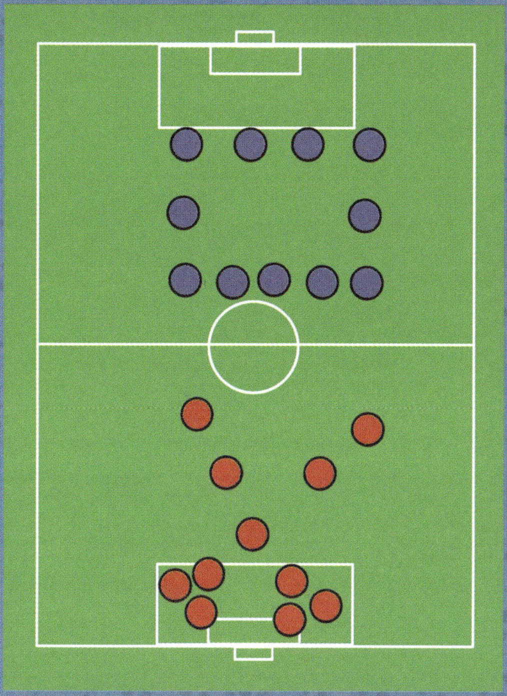

Tactique Atari

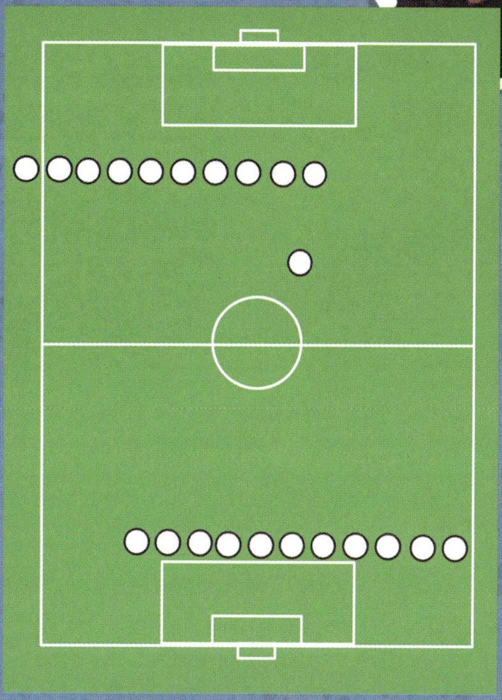

Tactique PSG

Gagnant à tous les coups.
Inclut aussi les remplaçants.

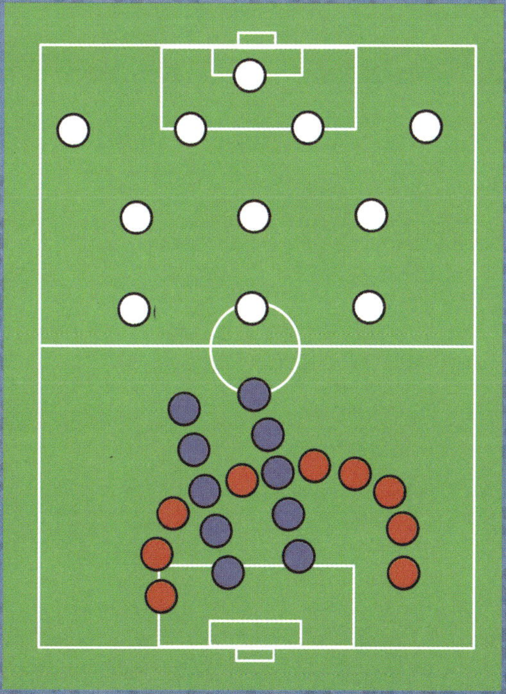

Tactique Zahia

Visant à perturber l'adversaire
(se combine aisément avec la tactique Z.O.B.).

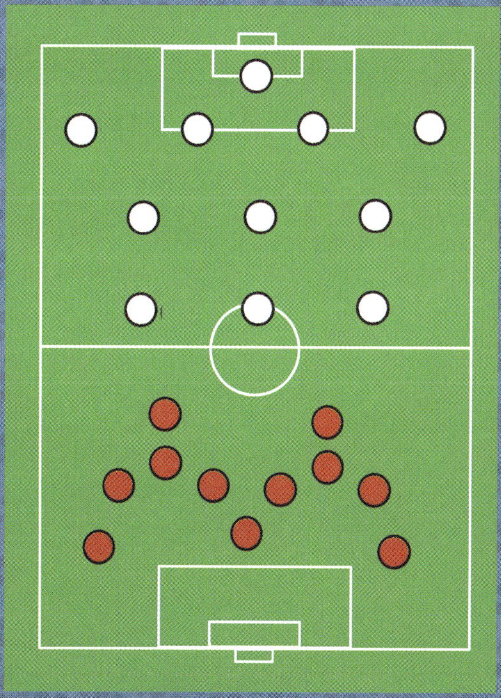

LES TONTONS FOOTEUX
AU ROYAUME DES AVEUGLES, LES BORGNES SONT ROIS... LA LIGUE 1, C'EST DES AVEUGLES SOURDS, MANCHOTS ET CULS-DE-JATTE... JE SUIS EMPEREUR LES YEUX FERMÉS, DE DOS ET SUR UNE JAMBE !
LES MARSEILLAIS, AU LIEU DE CHIALER ET DE REGARDER DANS LE RÉTRO, ILS FERAIENT MIEUX DE SE REGARDER DANS LA GLACE... C'EST FACILE, Y A QU'À CHANGER L'INCLINAISON.
À EN CROIRE LES JOURNALISTES, SI TU BOSSES BIEN, TU DESCENDS PAS EN LIGUE 2... FAUDRA QU'ILS M'EXPLIQUENT COMMENT ILS FONT RENTRER 20 CLUBS DANS 17 PLACES, LES PRIX NOBEL.

QUAND T'ES COACH DE LIGUE 1, TU DORS RAREMENT SUR TES DEUX OREILLES. MAIS T'AS INTÉRÊT À ÊTRE BIEN ASSIS SUR TES DEUX COUILLES.
LE FOOTBALL EST UN SPORT QUI SE JOUE À 11 CONTRE 11 ET À LA FIN, C'EST JORGE MENDES QUI GAGNE.
UN FOOTEUX, C'EST UN MILLARDAIRE SAPÉ COMME UN SAPIN DE NOËL, AVEC UNE CAISSE DE BLAIREAU QU'IL CONDUIT TROP VITE ET MAQUÉ AVEC UNE PUTE, COMME UN RAPPEUR... MAIS IL SAIT PAS FAIRE DE MUSIQUE... COMME UN RAPPEUR EN FAIT !

ARBITRE AU CIRAGE

L'arbitre, enculé ?

Ha, cette jolie phrase qui sonne si doux à notre oreille et qui résonne comme le bruissement des feuilles dans les prés pour annoncer le printemps...
Elle nous rappelle que le foot, ça n'est que du sport, que c'est d'abord une communion, une occasion de chanter la fraternité et de s'unir tous ensemble quelles que soient nos différences, nos couleurs et nos obédiences, pour se lâcher dans un même cri ***« l'arbitre, enculé !!! »***

Mais, une fois l'émotion passée, analysons cet instant.

Quand nous crions l'arbitre enculé, que lui reproche-t-on ? De nous avoir fourrés ? De nous l'avoir mise bien profond avec ce péno ? De nous avoir baisés sur ce coup franc ? De nous avoir niqués sur ce hors-jeu ?... Donc, si on y réfléchit bien, les enculés... c'est nous... Car avec tout ce qu'il nous a mis, l'arbitre, on ferait pâlir les habitués de la Fistinière et les membres actifs du Chorizo Paradise. Cet arbitre que nous fustigeons, il a beau nous faire le coup à chaque fois, on y revient chaque semaine et on en redemande, penchés comme à la cueillette aux champignons, le froc baissé et les fesses qui font hourra !

Alors, dans ces cas-là, on arrête d'insulter l'arbitre et on dit plutôt merci... Merci, Jacky et Michel !

J'AI JAMAIS SORTI SUR UN CARTON, SAUF DANS LA FUEGO Á MON PÈRE, LÁ ON A PRIS UN CARTON ET J'AI SORTI PAR LE PARE-BRISE.

LA RIBERADE

"Je panse donc je croive que j'essuie."

TOUT EN CARTON

CARTON JAUNE

CARTON ROUGE

CARTON JAUNE TEINTÉ DE ROUGE

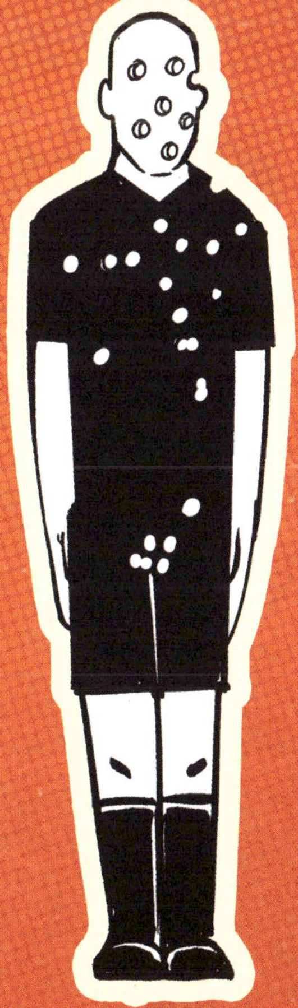

ARBITRE EN CARTON OU CARTON SUR L'ARBITRE

CARTON PLEIN

CARTON D'INVITATION

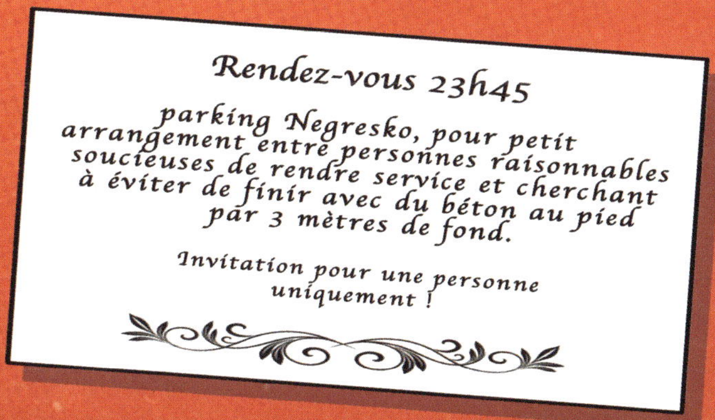

ARBITRE AU CIRAGE

Si l'arbitre est remplacé par la vidéo, ils vont devenir quoi, les mecs gringalets, blafards et chauves ? Déjà qu'ils peuvent plus être curé… Pour les chauves, y a encore cadre commercial, mais première catégorie parce que t'as toujours un gars avec une minivague au-dessus de toi dans la hiérarchie de l'entreprise. Bon, c'est vrai que si t'es ambitieux comme chauve, tu peux être ministre du Développement durable ou secrétaire d'État au Commerce extérieur. Pour sénateur, tu peux être chauve… Mais faut être gros.

TIENS ! LÀ TU POURRAS VRAIMENT DIRE QUE TU T'ES FAIT FOURRER PAR L'ARBITRE !

Avant, avec ma tignasse, je me prenais glaviot sur glaviot.
Aujourd'hui, grâce à mon Giclette 3 lames, ça glisse tout seul.
Giclette
Sponsor officiel des arbitres
The Best a Man Can Spit.

LA LIGUE 1

RIEN N'Y EST CARRÉ, SAUF LES PIEDS.

Dans notre beau pays de France, malgré les affres de la civilisation et de l'expansion galopante, il existe non loin de là, aux confins de nos territoires, une tribu qui résiste à la fuite en avant du progrès. Cette tribu ancestrale s'appelle la tribu des Liguains.

Le Liguain vit essentiellement en province, il trouve refuge sur des terres arides souvent terreuses et clairsemées de brins d'herbe, nichées entre les crevasses et les boursouflures. Cette parcelle de terre cabossée où il a élu domicile est étrangement appelée « la plouze ».
Le Liguain se nourrit exclusivement de troipoin, le troipoin est une nourriture essentielle à son alimentation et à sa croissance. Malheureusement pour lui, le troipoin est une denrée rare, c'est pourquoi il se contente souvent de unpoin, moins nutritif, mais beaucoup plus facile à attraper. Le troipoin se chasse à partir d'une planque où le Liguain se terre, observe et attend le bon moment pour le capturer. Le Liguain, comme toute tribu primaire, a des rites et des incantations. Il se réunit en grand nombre quand vient le soir, tard, pour faire ce qu'il appelle la « journée ». Il y en a 38 dans l'année, et au cours de ce rite, il fait une sarabande autour d'une sphère de cuir représentant le soleil, qu'il faut à tout prix éloigner à l'aide ses godasses, pour conjurer le mauvais sort... Cette grosse boule blanche est communément appelée le « sabrul-lépié »

À la fin de la danse, les Liguains chantent tous en chœur la complainte du « gépadsou » en levant les mains vers le ciel et repartent dans leur tanière le cœur léger.

La Ligue 1, c'est un peu du baby-foot, des joueurs en bois alignés qui bougent pas de leur 4 4 2 si tu les pousses pas avec une barre dans le cul.

LA NICOLLADE

Moi, je suis pas homophobe, mais franchement, des fois les arbitres de Ligue 1, ils abusent.

LA LIGUE 1

Avant, le foot, c'était mieux.
Avant la Ligue 1, tu te faisais jamais chier devant Lille/Bordeaux... C'était pas diffusé, Lille/Bordeaux... La Ligue 1, c'était mieux avant, on le voyait pas... **ON POUVAIT RÊVER.**

POGBA
LES DESSOUS DU DEAL !

LE TRANSFERT À 110 MILLIONS

EGO FOOT : LE BALLON D'OR

La remise du Ballon d'or est au suspense ce qu'une tranche de jambon iberico est à la Bar Mitsva, c'est bien tenté, mais non...

C'est un peu comme un épisode de *Columbo*, on connaît la fin dès le début, mais celui qui se fait niquer, c'est pas le coupable, c'est le blaireau qui pensait qu'en étant le meilleur, il allait décrocher la timbale, alors que ça se joue toujours entre les deux mêmes égéries Playstation.
Y'a plus de chances de voir un président américain ni démocrate ni républicain, que de voir un autre gus que le bodyhuilé portugais ou le nain gaucho à frange remporter la bouboule dorée à son pépère.

Dans cette élection, le troisième est toujours le con de l'histoire, le floué, le cocu...

Mais un jour ça changera, les lignes bougeront et enfin une troisième voix prendra la parole et le pouvoir pour... Marine, tu peux me rendre ma plume, s'il te plaît ? Merci.
Où en étais-je ? Ah oui, la mascarade du Ballon d'or... Tous, nous avons, enfant, rêvé du Ballon d'or, alors qu'adulte, on se contente aisément du ballon de rouge, accoudé au comptoir pour en commenter la remise.
La différence, c'est qu'aujourd'hui, la plupart des pousseurs de citrouille de la planète Champions League sont comme nous et attendent gentiment que Laurel et Hardy se partagent le bout de gras. Est-ce un cas unique ? Pas vraiment, aux NRJ Music Award (une référence musicale pour qui aime... les références), Mylène Farmer et Matt Pokora ont tout trusté entre 2000 et 2007, et le top, c'est en 2003, le prix de la meilleure artiste de l'année a été attribué à Mylène Farmer. 2003, année où, là, elle n'avait sorti aucun album et fait aucune scène... C'est très balaise !

Après le Ballon d'or sans avoir gagné, on peut raisonnablement espérer un Ballon d'or sans avoir joué... Et ça... ça serait vraiment la classe !

Cette page est imprimée en 24 carats

LE BOULARD D'OR

Ronaldo BALLON D'OR

Suarez SOULIER D'OR

Tony Chapron LABRADOR

JE SUIS LE MEILLEUR JOUEUR D'EUROPE !
JE SUIS LE MEILLEUR JOUEUR DU MONDE !
MOI, MODESTEMENT, JE ME CONTENTE JUSTE D'ÊTRE LE MEILLEUR JOUEUR DE LA LIGA...
ET ÇA ME VA BIEN !

The Ginola Boulard Show

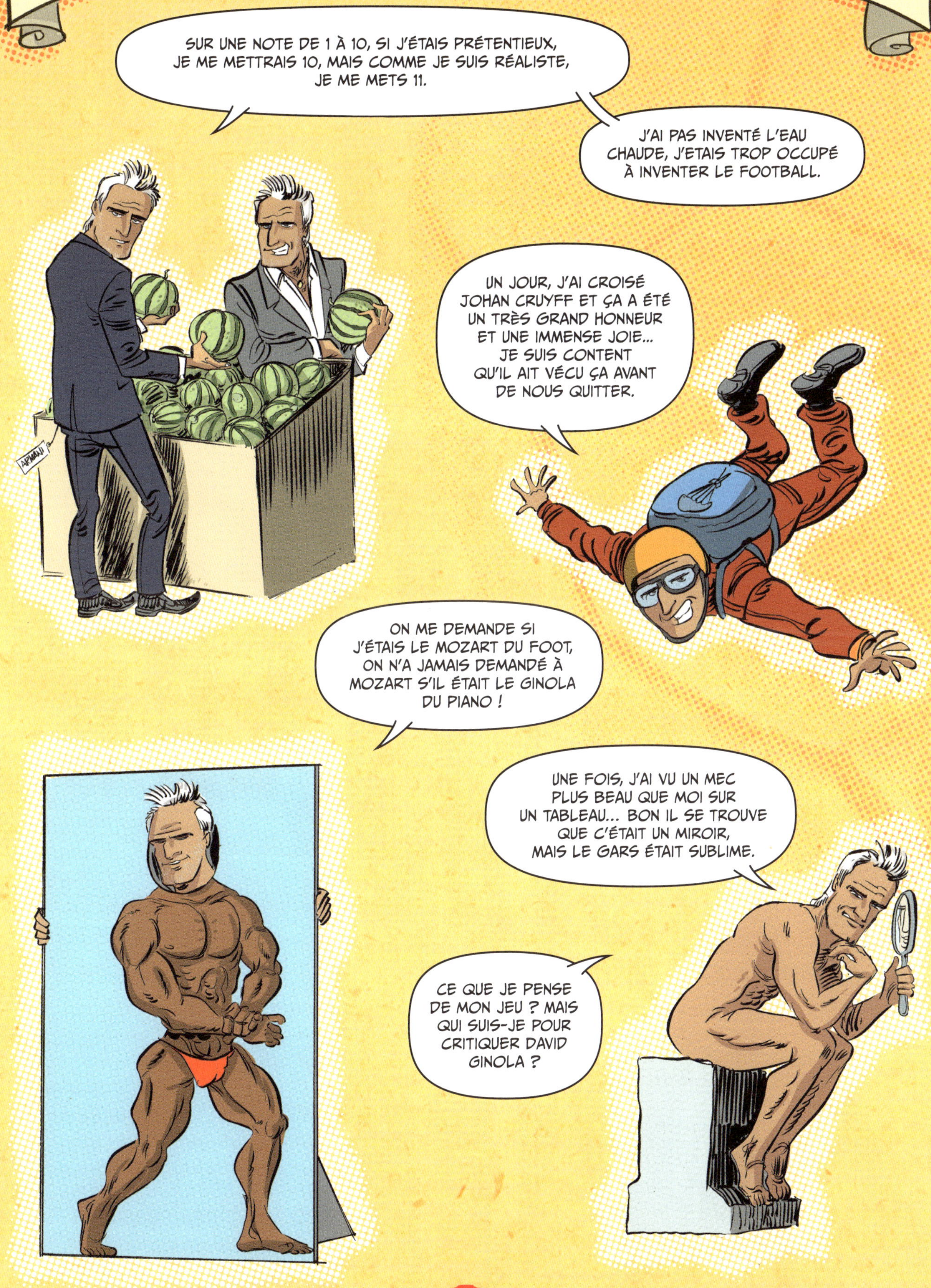

Racisme et Foot

Entre nous, j'ai toujours eu un peu de mal avec les nègres, c'est vrai, ils bossent souvent dans l'ombre au service de personnes qui les font taffer pour pas cher, en plus. C'est une plaie, les nègres. Surtout que, franchement, si t'es pas capable d'écrire un bouquin toi-même et que t'as besoin d'un nègre, autant mettre son nom à lui... Mais pourquoi je dis ça, moi ? Ah oui, c'était pour dire que moi, j'écris tout tout seul... C'est pas forcément une référence, remarque. (Aucun lien avec ce qui va suivre, mais je voulais juste faire un point là-dessus.)

On l'a vu au dernier Euro, l'amour de son peuple et de ses couleurs a encore de belles années devant lui...

Ah, qu'ils étaient beaux ces jeunes Hongrois, Russes, Croates ou Turcs qui chantaient torse nu, le crâne rasé et des tatouages au style gothique sur des bras musclés (sûrement un hommage à *Game of Thrones*, leur série préférée... Comme le découpage de tête à coups de chaise de bar... Encore un hommage à *Game of Thrones*... Ah, les geeks, c'est charmant). En même temps, vous êtes drôles vous, pas fastoche d'aimer le foot sans avoir une pointe de racisme en soi... C'est quand même la base, il faut juste choisir le bon.

Le Boche, par exemple, déja on peut l'appeler le Boche, ça ne choquera personne à part l'association des moustachus à nuque longue, buveurs de shnaps (qui est un lobby très puissant dans le monde du porno amateur). Le Boche, lui, on a le droit de le détester, c'est pas du racisme, c'est juste du ressenti par rapport à la lourde histoire qui nous ronge depuis... 1982 et 1986.

Les Rosbifs, c'est pareil, on a le droit de les rôtir, les Rosbifs, c'est pas du racisme, c'est du bon sens, ça fait 500 ans qu'on peut pas les blairer, on va pas leur rouler des galoches pour faire plaisir à Jane Birkin ou à Darren Tulett (même si on l'aime bien, Darren) !

Les Ritals, c'est différent, avant on les aimait bien parce qu'ils avaient niqué les Boches, mais depuis qu'ils ont tué Zizou, on veut en faire de la bolognaise de ces rois du chiqué, et je ne parle pas des Bulgares de Kostadinov qu'on renverrait bien au goulag... Ah putain, ça fait du bien !!!

En revanche, j'adore le foot africain qui est enthousiaste et rafraîchissant avec ce public d'une ferveur incroyable et mystique... Oh merde, ça c'était pas un peu raciste ? Faut que j'arrête de dire du bien, c'est tendancieux.

Dans le foot, on est pas tous égaux,
si tu dis que tu détestes les Verts,
on pense que t'es lyonnais,
mais si tu dis que tu ne peux pas blairer les Noirs,
on te traite de facho... **c'est pas juste !**

LES BELGES... 11 MILIONS D'AMIS

Les Belges, si on les a si souvent pris pour des cons, c'est parce qu'on sent entre eux et nous une sorte de proximité qui nous rappelle indéniablement que qui se ressemble s'assemble.

Mais les Belges, attention, ils ne sont pas aussi cons qu'ils en ont l'air. Ils ont mis à peine 60 ans à comprendre qu'en sachant utiliser leur potentiel de manière maligne (aucun lien avec le club de foot du même nom, le FC Maline, qui en flamand ne se dit même pas Maline mais Mechelen, qui lui-même n'a aucun lien avec le guide des restaurants et des pneus de Clermont-Ferrand)... Donc, 60 ans pour capter qu'en utilisant de manière intelligente les jeunes issus des anciennes colonies et de l'immigration, ils pouvaient former une équipe black blanc beur de tous les diables, comme la France en 98 (tous les Diables Rouges bien entendu). Et c'est là que la révolution s'est mise en marche. Exit le tropisme consanguin des Van de toutes sortes, Van Der Elst, Vandenbergh et Vandereycken, des Van, Van Buyten, des Van qui finissaient par en brasser... Bonjour les Lukaku, Nainggolan, Carrasco, Fellaini, des bons petits gars qui ont su apporter ce brin de folie qui manquait à la monotonie d'outre-Quiévrain. (Fellaini a poussé l'intégration jusqu'à son prénom, puisqu'il s'appelle Marouane, sûrement en hommage au fromage du même nom que l'on trouve chez les peuples du Nord... C'est pas ça ? Bon, en tout cas, c'est pas loin.)
Bref, les Diables Rouges remontent au classement FIFA à la vitesse de Pantani dans l'Alpe d'Huez, les voilà de retour dans le gotha du foot mondial et ils ne le doivent pas qu'au hasard. Ils sont parmi les plus gros pourvoyeurs de jeunes du football européen et de Daesh (dont le centre de formation de Molenbeek est très réputé).
La seule vraie question, c'est pourquoi les Diables Rouges ? Pour des Flamands, on s'attendait plutôt à rose... Pourquoi ? Puisque sur le drapeau belge il y a du jaune et du noir. « Ben, parce que jaune c'est la couleur des cocus et noir la couleur du désespoir. » Pas faux, mais ça tendrait à prouver que les supporters de Dortmund sont des cocus dépressifs. Je finirai par cette question que l'on m'a posée la première fois que je suis arrivé en Belgique : « Qu'est-ce qui est noir, jaune et rouge ?... Une abeille qui saigne du nez »...

Le championnat belge porte le nom d'une bière, c'est la Jupiler Ligue. Chez nous, la Ligue 1 pourrait s'appeler le championnat Affligen... Mais faudrait retirer le N à la fin pour que ça marche.

* QU'EST-CE QU'IL DIT ? ** IL DIT QU'ON A UNE LANGUE DE BLAIREAU !

EURO BILAN

Ça nous rendra pas Jean Moulin… mais ça fait du bien.

Ça y est, la France a gagné contre l'Allemagne dans une grande compétition. Après 156 ans de frustration (je compte pas 14-18 et 39-45, on s'est pris deux branlées et on s'en sort avec l'aide de l'arbitre… les États-Unis), 156 ans qu'on se fait humilier par des mecs à moustache qui se coiffent la nuque au fer à friser et qui demandent à leur gonzesse de laisser le persil dépasser du caba pour que ça soit plus sexy quand elles leur pisseront dessus à la prochaine Oktoberfest. Un moment de jouissance à recrépir le mur du salon, façon intérieur d'appart de ski aux Ménuires ! D'ailleurs, en parlant de crépi, dans la foulée, ce sont les amis du peuple du rez-de-chaussée qui nous l'ont mise en finale… mais c'est de bonne guerre… On avait tout donné.

On va pas se mentir, quand t'as passé la nuit avec toutes les Wags de l'équipe du Brésil, le lendemain, t'es pas forcément chaud pour un plan Jacky et Michel… Si y'a petit train, t'as toutes les chances de jouer la locomotive.

LA NICOLLADE

Les Portugais ne m'avaient pas fait aussi mal au cul sur une prolongation depuis les dépassements de délai du chantier de ma baraque !

APRÈS LES CAS GUERREIRO ET LAPORTE, VOUS N'AVEZ PAS PEUR DE LA FUITE DES CERVEAUX ?
ÇA NE M'INQUIÈTE PAS, POGBA, IL A LE CERVEAU QUI FUIT DEPUIS LONGTEMPS ET C'EST PAS UN PROBLÈME !
POUR L'UEFA, LE MEILLEUR JOUEUR DE L'EURO, C'EST ANTOINE GRIEZMANN, POUR LES INTERNAUTES, C'EST LIONEL MESSI... DÉJÀ QU'ILS L'ONT ÉLU MEILLEUR ATHLÈTE DES JO DE RIO DEVANT USAIN BOLT... IL COMMENCE BIEN L'ANNÉE, LUI !
LA PLUPART DES SUPPORTERS IRLANDAIS NE SONT PAS PROTESTANTS, SAUF QUAND THIERRY HENRY MARQUE DE LA MAIN.
IL EST FORT, DESCHAMPS, JE SUIS SÛR QU'AVEC BENZEMA ON PERDAIT EN DEMI !
PEUT-ÊTRE QU'ON PERDAIT EN DEMI, MAIS ON GAGNAIT CONTRE LE PORTUGAL EN FINALE !
T'AS RAISON, QUEL CON DESCHAMPS !

SUPER VICTOR :

Les coulisses du choix du nom de la mascotte !

Les gars, pour la mascotte, on a un gamin avec une cape de super-héros, donc faut qu'on trouve un nom au gosse, et qui en jette.

- Petit Grégory ?

- Non je crois que c'est pas une bonne idée même s'il avait un côté Aquaman, je suis pas sûr que ça passe...

- 98 ? Comme l'année de la victoire en Coupe du monde ?

- Super 98 ?! J'ai peur que ca fasse un peu plein d'essence.

- Kevin ?

- Super Kevin. Va demander à un mec s'il trouve ça super de s'appeler Kevin...

- Moussa... C'est cool, ça fait open, ou Mamadou ?

- T'as vu sa dégaine au gosse, s'il s'appelle Moussa, il a un sérieux problème de mélanome, faut qu'il consulte ou alors il est albinos comme Salif Keïta.

- Salif Keïta, il était pas albinos !

- Mais pas le joueur de foot, crétin, le chanteur... En fait, on n'a qu'à prendre le prénom d'une légende du foot français qui a marqué son sport...

- Raymond, comme Kopa ?

- Super Raymond depuis Knysna, c'est hard !

- Michel pour Platini ?

- Super Michel, ça fait blague des Inconnus.

- Zizou ?

- Mais non, il a trop de cheveux, et puis un gamin de 8 ans qui met des coups de boule, je sais pas si c'est un exemple !

- Et pourquoi pas Victor ?

- Victor ??!! Mais par rapport à qui ?

- Ben, Victor Zvunka...

- Victor Zvunka ?

- Ben oui, il a marqué le foot... à Châteauroux... champion de France de D2, quand même !

- Bon, les gars, ça fait 3 minutes qu'on est là et j'ai grave la dalle, quelqu'un a mieux ?... Bon, ok, vendu pour

SUPER VICTOR !

OM pour la vie
Pour 3 ans avec clause libératoire
BRRRRRRZZZZZZ
Kronenbourg
Mc Donalds
10
Fly Emirates
Flouz Emiratz